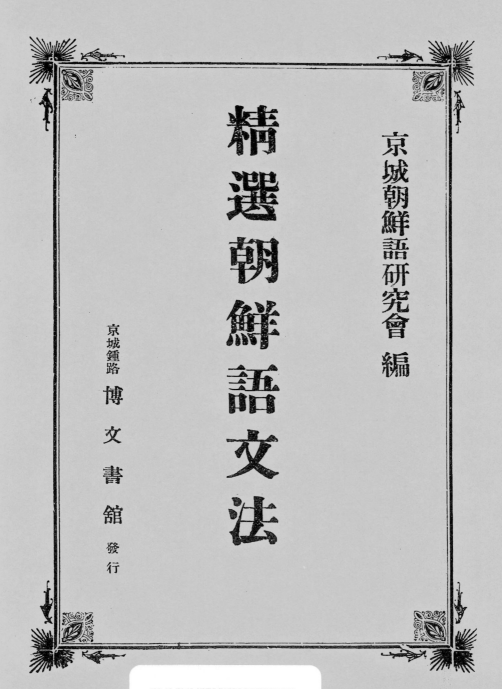

精選朝鮮語文法

京城朝鮮語研究會 編

京城鍾路 博文書館 發行

京城朝鮮語研究會 編

精選朝鮮語文法

京城鍾路 博文書館 發行

精選 朝鮮語文法

조선말ㄹ법의법 　（朝鮮語文法之法）

四

조 선 말, 글 법 의 법,

법 의 벼 리

一、말은 현대(現代)경성말노 표준(標準)을 함,

一、소 리 는, 모 두 다, 소 리 를 내 는 데 편 하 도 록 함 으 로 써, 근 본 을 삼 음,

법 의 갈 래,

一、순 조 선 말 이 던 지 아 니 던 지 물 을 것 업 시(、)씨 는, 모 두 업 새 고,(ㅏ)로
써 쓰 기 로 함,

(보 기)　물(馬)말　ㅅ방(四方)사 방,

二、순 조 선 말 이 던 지 아 니 던 지 물 을 것 업 시 댜, 뎌, 됴, 듀, 디, 뎨 와 쟈, 져, 죠,
쥬, 졔 가 쟈, 저, 조, 주, 지, 졔, 로, 탸, 텨, 툐, 튜, 티, 톄 와 챠, 쳐, 쵸, 츄, 쳬 가 차, 처, 초,
추, 치, 쳬, 로 샤, 셔, 쇼, 슈, 셰 가 사, 서, 소, 수, 세, 로, 발 음(發音)되 는 것 은, 소 리
내 는 편 의(便宜)대 로 하 야 뒤 ㅅ 것 으 로 정 하 고 아 래 의 보 기 대 로 씀

一

보기

甲	乙
절	뎔
조사(調査)	됴사
지방(地方)	디방
제일(第一)	뎨일
장관(長官)	쟝관
정분(情分)	졍분
하서서,	하셔서
축루(髑髏)	축루
춘풍(春風)	츈풍
체하다	체하다
하사(作爲)	하사

甲	乙
조롱(嘲弄)	죠롱
주인(主人)	쥬인
제조(製造)	졔조
체조(體操)	톄조
착실(着實)	챡실
첫다(打)	첫다
섬긴다	섬긴다
소(牛)	쇼
수산(水産)	슈산
센다(老白)	센다

三、순조선말이던지아니던지물을것업시그,듸,릐,믜,븨,싀,즤,최,킈,틔,픠는,기,듸,릐,미,비,시,지,치,키,티,피,로,발음(發音)되는것은소리내는편의대로하야아래에젹은보기(甲)대로씀

甲	乙
기어(匍匐)	긔어
어디(何處)	어듸
거미(蜘)	거믜
나비(蝶)	나븨
시장(飢)	싀장

甲	乙
치중(輜重)	최중
키(丈)	킈
티눈(雞眼)	틔눈
핀다	핀다

四、된시옷은,즁음(正音)에지은대로갑아쓰기로합

보기(甲)과같이씀

甲	乙
써	뼈

五、순조선말에잇서서야나、여녀요、뇨유뉴이니、예녜의두음으로발음되는것은、소리내는편의대로하야두가지를다씀、

보기
　　　　까　　　　샤
　여호　암녀호
　웃편　눗
이　압니　(前齒)

六、ㄴ의소리가첫소리로、발음될때에、ㅇ의소리로변하는、경우에는소리내는、편의대로하야、보기(甲)과같이씀、

그리고、요는、혹솜뇨、또는、보료로발음됨이잇는데、이는또한소리내는편의대로씀、

보기甲　　　乙
여자(女子)　녀자
연세(年歲)　년세

七、ㄹ소리가 첫소리에 잇서서 ㄴ이나 또는 ㅇ의 소리로 변하고 끝소리 ㄱ, ㅁ, ㅂ, ㅇ의 아래에서 ㄴ으로 변하는 것은 소리내는 편의대로

보기(甲)과 같이 씀.

보기

甲	乙	甲	乙
나남(羅南)	라남	국녁(國力)	국력
농담(弄談)	롱담	남누(襤褸)	람루
양심(良心)	량심	십니(十里)	십리
이익(利益)	리익	공논(公論)	공론

八、소리가 혹 버릇으로 인하야 들하거나 더함이 잇고 혹은 다른 소리로 변하기도 하는 것은 소리내는 편의대로, 아래의 보기대로 씀.

보기

십일(十日)	시월(十月)
목재(木材)	모과(木果)
가택(家宅)	면장댁(面長宅)

조선말글법의법

五

동전(銅錢)　　쇠천(小錢)

빙당(氷糖)　　사탕(砂糖)

九、순조선말이던지아니던지아래에적은보기(甲)과같은것은,보기
(乙)과같이발음되더래도보기(甲)에쯰준하야끌소리를바꾸지아
니함。

보기

甲　　　　　乙

산림(山林)　　살림

십만(十萬)　　심만

국내(國內)　　궁내

갓모　　　　　잔모

十、끌소리는,첫소리를다시끌소리로,쓴다는원측(原則)에준거(準據)
하야소리냄에합당한대로,슴,

보기

언다。　　발에。　　갈어。

붙어ㆍ 낮에ㆍ 젖어ㆍ

꽃에ㆍ 쫓어ㆍ 잎에 들과 갈음

十一、아래에 적은 보기(甲)과 갈은 끝소리는 보기(乙)과 갈이 소리냄ㆍ

보기

甲	乙
잎(葉)	입
깊(深)	깁
언(得)	엇
밭(田)	밧
낮(晝)	낫

甲	乙
꽃	꼿
쫓	쏫

十二、돔 말은 이ㆍ은ㆍ울ㆍ에ㆍ으로ㆍ들이 쓰이는 자리에 혹은 시기순근슬글세게스로 그로 들을 씀이 잇으나, 이는 될 수 잇는 대로 일정하게 씀이 옳은 것ㆍ

보기 잡이ㆍ 은ㆍ 울ㆍ 에ㆍ 으로ㆍ

밧기、군、굴、게、그록、들、

밧、이、은、울、에、으록、

갑시、슷、술、세、스록、

十三、글소리로그처는말의활용하는부분에쓰이는어으는、혹시우
에오는말의종유에따르어저즈거그、서스터트、들노씀이잇으
나이는될수잇는대로、일정한준측을세워서쓰는것이옳은것

보기

않어으 깍어으

안저즈 깍거그

잇어으 훌어으

잇서스 훌터토 들、

十四、돔말은、그위ㅅ말의말밀과구별하여쓸것

보기

사람이、사람은、사람을、

꽃이、꽃은、꽃을、들、

十五、끝소리로,그치는,말의활용하는부분은,말밑과,구별하여쓸것

보기　먹으오,　먹엇소

깊은물,　깊엇소,　들,

十六、가운대소리로,그치는말의활용하는부분이,혹시,말밑과,구별되기도하고안하기도하나이는구별하는것으로일정하게하야보기(一)과같이씀。

보기　(一)그리다,　그리어서,　그리엇소,

(二)그리다,　그려서,　그렷소,

(一)흘느다,　흘느어서,　흘느엇소

(二)흘느다,　흘너서,　흘넛소,　들,

十七、두씨이상이모여서한말이될제는,마즈막씨,윗씨까지는,끝소리를,쓰지아니하고,보기(一)과같이씀。

보기　(一)바치(奉上)보기(二)밧치

보기

가르치(敎) 갈룻치,

도라보(同顧) 돌아보,

十八、 두말이모히어한말이될제위아래ㅅ말이이어지는곳에는흔이ㅅ와끝소리를씀,

十九、 두소리가이어질때에위ㅅ소리의까닭으로아래소리가된소리로나올지라도이는된씨를쓰지아니함

보기

동지ㅅ달, 동짓달

모ㅅ자리, 못짜리

장ㅅ군, 장군, 들,

二十、 히나,또는,이를,부치어것말(副詞)을,만드는데는소리내는편의대로하야엇던것이던지씀,

보기

굽히 속히 작히

빨이 만이 천々이, 들.

精選朝鮮語文法

첫재장　소리(音)

첫재절　발은소리　(正音)

첫소리(初音)열 일곱 자(十七字)

ㄱ(牙音)(옥기)如君子初發聲、並書如蚪字初發聲

(풀이)ㄱ、소리가엄니에、잇다함이오、군(君)의 첫소리와、갈으며、

땁아쓰면(蚪)의 첫소리와갈으니라

ㅋ(牙音)(옥키)如快字初發聲

(풀이)엄니ㅅ소리니쾌(快)의 첫소리와갈으니라

ㆁ(牙音)(웅이)如業字初發聲

(풀이)ㆁ엄니ㅅ소리니업(業)의 첫소리와갈으니라

ㄷ(唇音)(읃늬)如斗字初發聲並書如覃字初發聲

(풀이)혀ㅅ소리니、두(斗)의 첫 소 리 와 갈ᄋ며、갑아쓰면、땀(覃)의 첫 소

리와 갈ᄋ니라、

ㅌ(舌音)(을틔) 如吞字初發聲、

(풀이)혓소리니、튼(呑)의 첫 소리와 갈ᄋ니라、

ㄴ(舌音)(은니) 如那字初發聲、

(풀이)혓소리니、나(那)의 첫 소리와 갈ᄋ니라、

ㅂ(脣音)(읍비) 如彆字初發聲、

(풀이)입술소리니、별(彆)의 첫 소리와 갈ᄋ며、

갑아쓰면、뽕(步)의 첫 소리와 갈ᄋ니라、

ㅍ(脣音)(읖피) 如漂字初發聲、

(풀이)입술소리니、표(漂)의 첫 소리와 갈ᄋ니라、

ㅁ(脣音)(음마) 如彌字初發聲、

(풀이)입술소리니、미(彌)의 첫 소리와 갈ᄋ니라、

ㅈ(齒音)(웃지)如即字初發聲、並書如慈字初發聲、

(풀이)니ㅅ소리니、즉(即)의 첫소리와ᆞ같으며 잡안ᆞ쓰면、ᄍ(慈)의 첫소

리와ᆞ같으니라、

ㅊ(齒音)(웃치)如侵字初發聲、

(풀이)니ㅅ소리니、침(侵)의 첫소리와ᆞ같으니라、

ㅅ(齒音)(웃시)如戌字初發聲、並書如邪字初發聲、

(풀이)니ㅅ소리니、술(戌)의 첫소리와ᆞ같으며、잡안ᆞ쓰면、ᄊ(邪)의 첫소

ㆆ(喉音)(을히)如挹字初發聲、

(풀이)목소리니、흡(挹)의 첫소리와ᆞ같으며、그리고、이소리는、너 무、약

한고로、입밖으로、드러나지ᆞ않안느느니라

○(喉音)(웅이)如欲字初發聲、

(풀이)목소리니、욕(欲)의 첫소리와ᆞ같으니라、그리고、이소리도、너 무

ㆆ(喉音)(응)히 如虛字初發聲、並書 如洪字初發聲、
(풀이)목소리니,허(虛)의 첫소리와,같으며,갑아쓰면,홍(洪)의 첫소리
약한고로,입밖으로,드러나지,않느니라,

ㄹ(半舌音)(을)리 如閭字初發聲、
(풀이)반(半)혀ㅅ소리니,려(閭)의 첫소리와,같으니라,

△(半齒音)(응시)이 如穰字初發聲、
(풀이)반(半)니ㅅ소리니,샹(穰)의 첫소리와,같으며,그리고이,소리도
너무약한고로,입밖으로,드러나지,않느니라,

가온대(中聲)소리,열한자(十一字)

ㆍ(ᄋ)가 如吞字中聲、
(풀이)든(吞)의 가온대소리와,같으니라,

ㅡ(으) 如即字中聲、

ㅣ(이) 如即字中聲、

(풀이)즉(即)의 가온대 소리와 갇으니라、

丨 (이) 如侵字中聲、

(풀이)침(侵)의 가온대 소리와 갇으니라、

ㅗ (오) 如洪字中聲、

(풀이)홍(洪)의 가온대 소리와 갇으니라

ㅏ (아) 如覃字中聲、

(풀이)땀(覃)의 가온대 소리와 갇으니라、

ㅜ (우) 如君字中聲、

(풀이)군(君)의 가온대 소리와 갇으니라、

ㅓ (어) 如業字中聲、

(풀이)업(業)의 가온대 소리와 갇으니라、

ㅛ (요) 如欲字中聲、

(풀이)욕(欲)의 가온대 소리와 갇으니라、

ㅑ(샤)

如穰字中聲、

(풀이)샹(穰)의 가온대 소리와 갈으니라、

ㅠ(유)

如戌字中聲、

(풀이)슐(戌)의 가온대 소리와 갈으니라、

ㅕ(여)

如彆字中聲、

(풀이)별(彆)의 가온대 소리와 갈으니라

終聲復用初聲○連書唇音之下則爲唇輕音初聲合用則並書、終聲
同、・一ㅗㅜㅛㅠ附書初聲之下、ㅣㅏㅓㅑㅕ附書於右凡字必合而
成音、左加一點則去聲、二點則上聲、無則平聲入聲加點同而促急、

(풀이)내 중소리는、다시 첫소리를、쓰며、

○을 입술소리、아래에、넣어쓰면、입술가븨얍은소리가、되고

첫소리를、어울어쓸지면、나른인씀지오、내종소리도、이와갈으니

라、

、ㅣㅡㅗㅜㅛㅠ들을 첫소리 아래에 붙여 쓰고、ㅣㅏㅓㅑㅕ들을 옳

은 오른편에 붙여(쓸지니 무릇 자(字)ㅣ 합하야만 소리를 내느니라

왼편에 한점(點)을 더 으면 맞 높은 소리(去聲) 요점이 둘이면 처음이

낮고(낮고)내 종이 높은 혼 소리(上聲) 요점이 없으면 맞 나

존)소리(平聲) 요。빨(쌀)이 굴 닫(굿 닷)는 소리(入聲)는 점더 음은 같으되

빨르니라。

(뜻둘것) 위에 적은 발 은 소리(正音)는 오날 노부터 四百八十餘年前 訓

民正音을 制定頒布 하던 當時의 그 것고 대로 인데、그 後 漢字를 너

무 崇尙한 까닭인지 正音의 使用이 沈滯하야 初聲中「ㅇ、ㆆ、△三字

는、그 음을 일어 使用하지 못하며「ㅇ」으로써「ㆆ」을 代하게 되엿는데

正音을 制定한 後約 七十年後 訓蒙字會가 發行되던 時에는「ㆆ」을

缺하야 二十七字로 使用 하던 것이 今日에는 以上三字가 總히 消

滅하야 二十五字로 使用케 되엿나이다。

둘재절 소리내는,꼴,(發音의 形態)

(一)엄니ㅅ소리 ㅇ,ㄱ,ㅋ.

(풀이)이소리는,입을조곰버리고,소리를,내되엄니,얼품내셔,굿이게할지니,ㅇ소리는,그즁악하게내고,ㄱ소리는,ㅇ소리보더,조곰강하개내며,ㅋ소리는,ㄱ소리보더,조곰강하게내나니라.

(二)혀ㅅ소리ㄴ,ㄷ,ㅌ,ㄹ.

이소리는,혀를구부려,입전장에대엿다가,뗄때에내는,소리니,ㄴ소리는,혀를입천장곽압니,얼품에대엿다,뗄때에내는소리요,ㄷ소리는,혀를입천장안으로,좀,더,듸리대엿다가,뗄때에내는,소리요,ㄴ소리는,혀를,ㄷ소리내ㄹ때,보더,도,좀,더,듸리대엿다가,뗄때에내는,소리요,ㄹ소리는,혀의반(半)소리인고로,혀를구부려,입쳔장에,대이락,말낙할제,굴녀,내는,소리니라.

(三)입술소리,ㅁ,ㅂ,ㅍ.

(풀)이 소리는 위와 아래 ㅅ 일술을 맞대엿다가 뗄 때에 내는 소리
니, ㅁ소리는, ㅍ 종가 뷔엽게 내고 ㅂ 소리는, 좀더 힘 잇게 내고, ㅍ
소리는, 좀더, 힘 잇게 내느니라.

(四) ㄴ ㅅ 소리, ㅅ, ㅈ, ㅊ. △.

(풀)이 소리는, 입을 조곰 버리고, 소리를 내여, 소리가 ㄴㅅ 틈으로
나오는 소리니, ㅊ 소리는, 그 중 강하게 내고, ㅈ 소리는, ㅊ 소리보
더 조곰 약하게 내고, ㅅ 소리는, ㅈ 소리보더 도약 하게 내고, △ 소
리는, (반)ㄴㅅ 소리인고로, 소리가 ㄴ에다락 마락 하게 내는, 소
리니라.

(五) 묵 소리, ㅇ, ㅎ, ㆆ.

(풀)이 소리들은, 소리가 묵 속에서 석고 밖에 나 오지 않는 소리니
ㆆ 소리가 석임 소리에 는 그 중 강한 소리니라.

(六) 가온대 소리, ㆍ, ㅡ, ㅏ, ㅓ, ㅗ, ㅜ, ㅓ, ㅛ, ㅑ, ㅕ.

(풀이)아 소리들은, 무슨 꼴의 소리든지, 내고, 그, 가온대, 소리를, 잡음인고로, 그, 소리, 내는, 쓸을, 말할 것이, 업느니라.

둘재장 소리의 갈래. (音의 分類)

첫재절 맑은 소리. (淸音)

(풀이)맑은 소리라 함은, 가온대 소리의 ㅣ,ㅏ,ㅗ,ㅜ,ㅡ 들과 첫소리 열일곱 자 즁ㅋ,ㅌ,ㅍ,ㅊ,의 네소리를 빼고,그 남은 소리를,말함이니라.이 소리를,혹,홀 소리라고도 하나니라.

둘재절 흘인 소리. (濁音)

(풀이)흘인 소리는,가온대 소리의 ㅑ,ㅕ,ㅛ,ㅠ,、들의 소리와 첫소리의 ㅋ,ㅌ,ㅍ,ㅊ,들의 소리를,말함이니라.

셋재절 홀소리.

(풀이)홀소리는,젓소리의 ㄱ,ㅇ,ㄷ,ㄴ,ㅂ,ㅁ,ㅈ,ㅅ,ㅎ,ㅇ,ㄹ,들의 소리와 가온대 소리의 ㅣ,ㅏ,ㅗ,ㄱ,ㅡ,들의 소리를,말함

니라。그런데、홀소리라 함은、다시 낳을 수、업는、소리를、말
함이니라。

넷재절 섞임소리。(混音)

(풀이)섞임소리라 함은、엇던、홀소리에、묵소리인、ㅎ소리가
섞이어나오는 소리이니、본보기를、들면、아래와、갈으니
라。

(一)ㄱ와、ㅎ의、섞임소리。

ㄱ＋ㅎ＝ㅋ。

ㅎ＋ㄱ＝ㅋ。

(풀이)각하＝가카。　척후＝처쿠。

좋고＝조코。　많고＝만코。

정하고＝정코。

(二)ㄷ와、ㅎ의、섞임소리。

ㄷ＋ㅎ＝ㅌ。
ㅎ＋ㄷ＝ㅌ。

(풀이)좋다＝조타。　옳다＝올타
몰하고＝모타고。　굳하여＝구타여。

(三)ㅂ와ㅎ의 섞임소리
ㅂ＋ㅎ＝ㅍ
ㅎ＋ㅂ＝ㅍ。

(풀이)십호＝시포。　깁히＝기피
좁히＝조피。　넓히＝널피。
갑흐＝가프。

(四)ㅈ와ㅎ의 섞임소리
ㅈ＋ㅎ＝ㅊ。
ㅎ＋ㅈ＝ㅊ。

(풀 이)닛히지＝니치지。 정하지＝정치。

다섯재절 겹소리。(複音)

(풀 이)겹소리라함은 가온대소리 즉 ㅏ, ㅓ, ㅗ, ㅜ, ㅡ 들의 소리 에 ㅣ, ㅗ 소

리를 합하여 내는 소리이니 아래와 같으니라。

ㅑ、ㅕ、ㅛ、ㅠ、丶
＝＝
ㅐ、ㅔ、ㅗ、ㅜ、ㅡ
ㅏ、ㅓ、ㅗ、ㅜ、ㅣ

즉 ㅣ、ㅏ가 합하여 ㅑ가 되고, ㅣ、ㅓ가 합하여 ㅕ가 되고, ㅣ、ㅗ가 합하여

ㅛ가 되고, ㅣ、ㅜ가 합하여 ㅠ가 되고, ㅣ、ㅡ가 합하여 丶가 되나니라。

그런데 겹소리는 혹 홀인소리라고도 하나니라。

여섯재절 쌍소리。(雙音)

(一) 첫소리의 쌍소리。

ㄱ、까 치(鵲)까 다(剄)꼭(確)꿈(夢)

ㄷ、떡(餅) 또(又) 뚜렷(宛然)

삐,빠지다(溺)뼈(骨)뽑다(抽)

싸,쌀(米)쏘다(射)　씨(字)(種)

짜,짜(撥)찟(製)　쫓(逐)

(二) 끝소리의 쌍소리. (雙約聲)

ㄲ,깎(削)뻬,잡어지다(沛)

사,있으니(有)

(三) 끝소리의 겹소리. (複終聲)

(풀이)겹소리 는,홀소리이나,쉬임소리를,말할것업시서루,갖이않은,끝소리끼리,합하여,나른이나오는소리이니, (가온대소리홀소리가합하야,겹소려되는것은,위에서,말하니라혹시그자리를,바구으면,소리가,나오지아니함도,잇느니라.그리고,전에는,겹소리를,첫소리에,쓰음이,잇으나(뜻과갈은것)지금은,쓰이지,않느니라.

(보기)ㄹㄱ 의 쓰임.

‘ 닭. 맑은 물. 굵은 밤. 늙은 사람. 낡은 신. 읽은 글. 젊인 고기. 엷이 떡칠

넌출. 진흙. 나무 떨이. 읽어. 긁어.

(보기)ㄹㅁ 의 쓰임.

젊은 학생. 삶은 밤. 굶은 사람. 옮은 병. 닮은 아들. 곪어지다.

(보기)ㄹㅐ 의 쓰임.

넓은 공원. 엷은 조희. 짧은 우름. 여덟 사람. 밟어라.

(보기)ㄹㅅ 의 쓰임.

숧방울. 옰밤이. 묽고 기.

(보기)ㄹㄷ 의 쓰임.

핥어라. 훑어라.

(보기)ㄹㅎ 의 쓰임.

옳은 사람. 곯은 일. 싫은 생각. 잃은 돈.

(보기)ㅍ의 쓰임。 숲은 맘。 읊은 노래。

(보기)ㅈ의 쓰임。 앉어라。 엱어라。 맜어서。

(보기)ㅎ의 쓰임。 뤟이많다。 일않고먹으랴。

(보기)ㅄ의 쓰임。 값이싸다。 탈없으면。

(보기)ㄳ이쓰임。 삯이젹소。 몫이얼마요。

(보기)ㄺ의 쏘임。 문밖에。

(四)가온대소리의거듭소리。

(풀이)이 는, 홀소리와, 홀소리, 또 는, 홀소리와 겹소리 가 합 하 야 나 오 는 소 라 니 라.

(보기)ㅏ ㅣ ‖ ㅐ ㅓ ㅣ ‖ ㅔ ㅗ ㅣ ‖ ㅚ.

ㅜ ㅣ ‖ ㅟ ㄱ ㅑ ㅏ ‖ ㅒ ㄴ ㅕ ㅣ ‖ ㅖ.

ㅣ ‖ ㄱ ㅣ ㅏ ‖ ㅘ ㅜ ㅓ ‖ ㅝ ㄱ ㅗ ㅣ ‖ ㅚ.

ㅜ ㅏ ㅣ ‖ ㄱ ㅓ ㄱ ㅗ ㅏ ㅣ ‖ ㅙ ㅜ ㅣ ‖ ㄲ.

ㅜ ㅏ ㅣ ‖ ㅒ ㄲ ㅜ ㅣ ‖ ㄲ들 이 니 라.

익힘 (練習)

(一)첫소리는 무엇이오.

(二)가온대소리는 무엇이오.

(三)끝소리는 무엇이오.

(四)엄닛소리는 무엇이오.

(五)혀ㅅ소리는, 무엇이오.

(六)입술소리는, 무엇이오.

(七) ㅅ소리는,무엇이오.

(八) 목소리는 무엇이오.

(九) 맑은소리는,무엇이오.

(一〇) 흐린소리는,무엇이오.

(二一) 홀소리는,무엇이오.

(三二) 섞임소리는,무엇이오.

(三三) 겹소리는,무엇이오.

(四四) 쌍소리는 무엇이오.

(五五) 끝소리의 겹소리는,무엇이오.

(六六) 가온대소리와 거듭소리는,무엇이오.

일곱재절 소리의 길고짤음. (音의 長短)

(풀이) 우리가 첫재 장발은소리에 셔,소리의 길고짤은것을보는

본올배온지라쪽씨의 원편에,한점올더 으면,맞높온소리요,점이

둘이면 처음이 낮고, 끝이 높은 소리요, 점이 없으면 맞낮은 소리요

빨이 굴단는 소리는, 접더음은 같으되, 빠르다 한지라 이에, 그 본보

기를 들면 아래와 같으니라.

(보기)

(一) •컴•컴하다.

(二) 삶은밤. 깊은밤.

(三) •파리. •파리.

(四) •흰눈. 밝은눈.

(五) •발•발.

(六) •경성. 경성.

(七) •종•종.

(八) •금강. 금강.

(九) •말. 말.

(十) 밀•밀.

(十) ・쥴 ・쥴 쥴.

(三) ・굴 굴 굴 들이니라.

셋재장 소리의바꾸임.

셋재절 끝소리의바꾸임. (終聲의轉換)

(풀이)소리가바꾸인는까닭은,혹시두소리가련하여나울제위ㅅ소리의끝이밋소리로,나오지않고,달은소리로바꾸임이니이는,두소리가맞나는,새닭으로,그러함이어니와이를쓸제는,반듯이그밋소리를잡을지니라.

(보기)(2) ㄱ인ㄴㄹㅁ ㅇ들위에서는,ㅇ으로바꾸이나니라.

극남=궁남. 박람=방람.

악마=앙마. 백어=뱅어.

(보기)(1) ㅂ인ㄴㄹㅁ 들위에서는,ㅁ으로바꾸이나니라.

갑년=감년. 범률=범률.

밥맛=밤맛.

(보기)(3) ㅅ, ㅈ, ㅊ, ㄷ, ㅌ, ㅎ 들이 ㄴ, ㄹ, ㅁ 들의 위에서는 ㄴ 으로바꾸이나니라.

옷나무=온나무. 갓모=간모.

젖는다=전는다.

좋는다=존는다.

밤는다=반는다. 믿는다=민는다.

밥넘어=반너머.

낳는다=난는다.

(보기)(4) ㄴ, ㄹ 들이서로맞으면 ㄴ이ㄹ로, ㄹ이ㄴ으로, 바꾸이던지하나니라.

산림=살림. 천리=철리

연안리시=연안니시.

(보기)(5) ㅁ ㅇ ㅣ ㄱ의 위에서는 흔이 ㅇ으로바 꾸이나니라.

밤잠=밤잡 방잡 남극=낭극

게나오나니라.

(보기)(6) ㄱ ㄷ,ㅂ,ㅅ,ㅈ들 소리가서로맞으면 아래ㅅ소리 는,좀,강하

각갑=각깝 각답=각땁 묵발=묵빨 국수=국쑤 정

이=능쩡이.

받드러=받뜨러 밧바=밧빠 낫잡어=낫짭어 들이니라.

둘재절 버릇소리바꾸임. (慣習音의轉換)

(풀이)소리는흔이버릇으로인하여옮게내지못하고,언어한비슷한
소리로,냄이잇나니,말소리 는,엇재든한본을,작정하고,될수잇는
대로,한결갈이쓸지니라.

(一)ㄹ이,끝소리로,되고어,으,들과,낫올제는어,으,가,흔이러르로바
꾸이나나라.

(보기)날어=날러,
몰으=몰르,
아울어=아울러,

(二) ㅅ이 끝소리로 되고 어,으,를 파닛을 제어,으,는,혼이 서,스,로 바꾸이 나니라.

(보기)잇으니=잇스니.
보앗으니=보앗스니.
가앗엇소=가앗서소.

(三) ㄹ이 겹소리로,될제 혼이 는 석어짐이 잇나니라.

(보기)닭도=닥도=흙도=흑도
밟지=밥지. 울자=우지.
팔지=파지. 갈지=가지.

(四) ㅅ이 끝소리로 될제 혼이 는 석어짐이 잇나니라.

(보기)닛-엇다==니엇다.

낫으면==나으면.

바닷갓==바다가.

(五)ㅂ이끝 소리로될제 혼이 는섞어짐이잇나니라.

(보기)밟지==밟지 슶다==슬다.

춥으니==추으니, 덥어서==더어서

곱으니==고으니.

(六)ㅇ이끝 소리로될제 혼이 는섞어짐이잇나니라.

(七)ㅎ가끝소리로될제 혼이 는섞어짐이잇나니라.

(보기)땅도==따도

(보기)낳으면==나으면. 놓아다==노엇다.

(八)ㄴ이서로맞으면하나는,섞어짐이잇나니라.

(보기)잔난==가난. 운니==우니.

(九) ㄴ 과 ㄴ 이 서로 맞으면, 하나는 ㄹ 노 바꾸임이 잇나니라。

(보기) 근년=글년 산남=살남。

긔념=긔렴。 만년=말년 천년=철년 년=녈년。 안

녕=알녕들이라。

(十) ㄹ 이 ㅏ,ㅓ,ㅗ,ㅜ,ㅡ 들의 첫소리로, 될제 ㄴ 으로 바꾸임이 잇나니

라。

(보기) 라쥬=나쥬。 로인=노인。

루대=누대。

(十一) ㄹ 과 ㄴ 이 ㅑ,ㅕ,ㅛ,ㄲ들의 첫소리로, 될제 ㅇ 으로 바꾸임이 잇나

니라。

(보기) 녀학교=여학교。

량심=양심。 료리=요리。

(十二) ㄷ 이 ㅑ,ㅕ,ㅋ,ㅛ,ㄲ,ㅣ 들의 첫소리로, 될제 ㅈ 으로 바꾸임이 잇나니

라。

(보기)통지==좋지。 뎡거댱==졍거 댱들이니라。

(十三)ㅌ이 ㅑ,ㅕ,ㅛ,ㅠ,들의 첫 소리로,될제 大 으로,바꾸입이 잇나니라。

(보기)텬하==쳔하。 류륙==쥬쥭。

국==치국。들이니라。

　　세재절　소리의 늘고,줄음, (音의 加減)

(풀이) (一) 소리는,서로,맞음으로,인하여,혹은,제 소리대로,나 오지,몯 하고,혹겷이기도 하고,혹 줄기기도 하나니라그런데,겷이는 소리는, 흔이가 온댁소리가,그러 하나니,이는,가온댁소리가 겷이는 버릇 이 잇는,까닭이니라。

(보기) (一)보아라==봐라。
　　주 어==줘。
　　가지어==가져。

호리어==흐려.

오시어==오셔.

수이어==수여.

가시오==가쇼들이니라.

(풀이)(二) ㅅ、ㅈ、ㄷ、들、첫소리가 ㅏ의 첫소리 될제 는、각々제소리대로
나오되、끝소리로 될제 는、서로갈으니라.

(보기)(二) ㅅ十ㅏ==사、ㅈ十ㅏ==자、ㄷ十ㅏ==다.
가十ㅅ==갓、가十ㄷ==갇、가十ㅈ==갖.

(풀이)(三) ㅋ、ㅌ、ㅍ、ㅊ、소리들이 끝소리로 될제 는、ㄱ、ㄷ、ㅂ、ㅈ 들파같은
소리로되나니라.

(보기)(三) 아래에 적은 끝소리、쓰임에 보라.

넷재절 끝소리의쓰임. (終聲의應用)

(풀이)끝소리 는、다시 첫소리로、쓴다고 발은、소리에 똑々이 적엇으되、

지금에、쓰이는、끝소리는、ㄱ、ㄴ、ㄹ、ㅁ、ㅂ、ㅅ、ㅇ、일곱소리에 긋치나니

이는、옳지안은지라.그런고로.그、대강을.적어.본을.짓고.저하노라。

(보기) [1] ㄷ의쓰임。

밭을돈.곧을사람.담은문.옅은재.조군은맘.민을친구.걷은장막.솥

은물.묻은때.돋은해.들이니라.

(보기) (2) ㄷ의쓰임。

맑은일.갈은얼골.말은냄새.붉은조회.

옅은냇물.길은재.물한어.먹어.훑은벼.

밭에가자.물에올나.물에서.결에서.들이니라.

(보기) (3) ㅍ의쓰임。

덮어엎어.깊은물.높은산.갚은빛을.시앞으로.숲에서.짚으로.섶

으로.짚엇다.넓이.피다.들이니라.

(보기) (4) ㅈ의쓰임。

맑의 다 찼었다 잤었다 맞은 점 낮은 산 늦인 저녁 젖은 옷 짙은 조희 젖은 때 빛 은 술 낯 은 근심 앉 은 사 람 없 은 옷 푸 짖 어 펏 인 넌 출 들 이 니라.

〔보기〕(3) ㅊ의 쓰임.

쫓어가다 쫓어가다 꽂으로 꽃이요 몇이냐 빛이 곱다 등 을 닽다들이니라.

〔보기〕(6) ㅎ의 쓰임

쌓은 노젹 좋은 사람 낳은 아기 잃은 물건 많은 돈 싫은 일 옳은 사람 굶은 인상 않을껏다 놓고 넣고 낳은 얼마들이니라.

익힘 (練習)

(一) 소리의 길고 잘음을 말하라.

(二) 소리의 바구임은 무엇이뇨.

(三) 버릇소리는 무엇이뇨.

(四) 소리의「늘」고「줄」음을 말하라.

(五) 끝소리의 쓰임을 말하라.

다섯재장 말. (詞)

첫재절 홋말의 뜻. (單語의 意義)

(풀이) 홋말은 홋자리로 된 말을「일늠」이니, 이를테면, 봄에는 꽃이 핀다.
산에서 새가 운다 하면, 이러케 쌍줄을 나리 그 은것이 즉, 홋말이
니, 이는 다각ㅅ 엇더한 뜻을 표하는 까닭이니라. 그리고 위에 적은
말들을 각ㅅ 그 갈래대로, 난우면 여덟개의 홋말이 되나니, 이를 품
사 (品詞)라고도 하나니라. 아래에 그 대강을 따로따로 말하노라.

(一) 이름말. (名 詞)

(풀이) 이름말은 엇던곳 이것지, 일이나, 물건의 이름을 표하는 말이니,
이를테면, 사람은 마음이 첫재요, 산에서 새가 울고, 꽃에는 나뷔가,
앉엇다, 사람은 일하여먹고 산다라 하면, 위에 적은 여러 말중에, 쌍

줄을 나리 그은 것이 즉 이름말이니라.

(二)대신이름말 (代名詞)

(풀이)대신이름말은, 엇더한 이름말이던지 대신하야 브르는 말이니, 이를테면 나는, 그 사람과 정의가 돗탑소 저이는 누구인가 여긔서, 저긔 가 멋리 오 이리저리 왓다 갓다 하오라 하면 이 여러 말 중에, 쌍줄을 나리 그은 것이 대신이름말이니라.

(三)움말 (動詞)

(풀이)움말은, 일이나 물건의 동작을 표하는 말이니, 이를테면 사람은 일하고 먹는다 봄에는, 꽃이 핀다 나는 학교에 잔다 물은 낫인데로, 흘는다라 하면 이 여러 말 중에 쌍줄을 나리 그은 것이 움말이니라.

(四)빗말 (形詞)

(풀이)빗말은 이름말의 위와 아래에 붗이어 일이나 물건의 성질이나 샹태를 표하는 말이니, 이를테면 산은 높고, 물은 깊다 꽃은 붉고, 나

뷔는 희다 사람은 마음이 착하다라 하면 이 여러 말중에, 쌍줄을 나

리그은 것이 쓸말이니라.

(五) 겻말 (副詞)

(풀이) 겻말은 움말이나, 쓸말의 위에 붙이어, 그 뜻을 더욱 완젼하게 하

나니 이를태면 긔차가 빨이 닷는다, 매우 덥다, 퍽으나, 동다, 몹시 춥

다, 천々이 오너라 어지간 이크다 하면이여러 말중에, 쌍줄을 나

리그은 것이 겻말이니라.

(六) 도음말 (助詞)

(풀이) 도음말은, 혹토라고도 하나니, 이 말은 이름말, 움말, 쓸말들에 붙

이어, 그 뜻을 도야쥬는 것이니 이를 태면 나는 가오, 산에는 나무오,

물에는 물이오, 날은 따듯하고, 바람은 훈々하오라 하면이여러말

중에, 쌍줄을 그은 것이 도음말이니라.

(七) 닛말 (接詞)

(풀이)넷말은 엇던 것이던지 위ㅅ말과 아래ㅅ말을 넷는 말이니 이를
테면 글읽고 글써도 쓰오 집에서 편지가 오고 또 돈도 왔소 시험은
잘 보앗소 나에는 퍽 썻소라 하면 이 위에 적은 말즁에 쌍줄을 그은
것은 넷말이니라.

(八) 늑감말 (感詞)

(풀이)늑감말은 엇더한 때나 경우에 마음이 감동하야 자연이 나오는
말이니 이를테면 아ー 이것이 웬일인가, 흥, 그럿치, 앗차, 앗 엇네 헉,
그게 무슨 말이야라 하면 이 위에 적은 말즁에 쌍줄을 그은 것은 늑
감말이니라.

(뜻 둘것)이 위에 적은 흣말들은 극히 간단하게 그 대강을 말하엿거니
와 아래에서 다시 모든 갈래에 대하야 자세히 말하려 하노라.

둘재절　이름말의 갈래 (名詞의 分類)

(풀이)이름말은 여러가지 갈래가 잇나니 즉 제이름 대신 이름 두가지

가잇고제이름에는,홀노이름,두루이름,쓸잇는이름,쓸업는이름,

네가지가잇고대신이름에는,사람대신이름,물건과일대신이름,

가르침대신이름,모름대신이름,네가지가잇나니라아래에따로

따로말하노라。

(一)제이름 (홀노두루쓸업는쓸잇는)

(풀이)제이름은,모든일이나,물건을바로,이름하는말이니。

(보기)(1) 홀노이름。(固有名詞)

조선,한양,막니지(벼슬이름)한가온날,금강산,을지문덕(사람이름)

들이니라。

(보기)(2) 두루이름。(普通名詞)

사람,나라,땅,벼슬,집,나무,산,물,들끌니라。

(보기)(3) 끌잇는이름。(有形名詞)

산,돌,나무,글시,그림,책,학교,들이니라。

第四章 名詞

(보기)(4) 끌업는 름이 (無形名詞)

맘、뜻、슬기、아츰、저녁、노래、근심、질거움、걱정、들이니라。

(二)대신이름 (代名詞)(사람대신일과물건대신가르침대신모름대신)

(풀이)(1) 사람대신이름은사람에게쓰이는、대신말이니、저가저를
대신하는、이름과저와、남、두사람이마주대신하는이름과저와남
두사람밖에또다른、남을대신하는말과、모름을대신하는、말이잇
나니아래에(보기)를만들어보이노라。

(저대신이름)나、내、저、제、우리들。

(마주대신이름)너、네、자네、그대、당신로형들。

(남대신이름)그、그이、그분、저이들、그라고여럿을대신할제는、네、또는덜
를쓰나니우리그대덜그대네와갈

(모름대신이름)누구아모뉘언의사람들。

(뜻둘것)그리고、사람대신이름에는、저편을존경 (尊敬) 하야、부르는、류

三五

별(特別)한 것이 잇나니,아버님,형님,선생님,들과 갓치이름아래에,

님을붓치어쓰는 것과,리시김시,들과 갓이시,를붓이는것이잇고,

물질(物質)에 눈,밥을진지,술을약,쥬,집을댁,음식을슈라(水剌)(宮中語)

라고함이 잇나니라.

(풀이)(2) 물것과일대신이름(物事代名)은 특히엇더한물것이나일에

다가,셈말(數詞)을,붓이어쓰는것을말함이니,첫재는,아무것도,붓

이지않고,셈말만쓰는것과,둘재는,셈말아래에엇더한이름말을,

붓이어쓰는것이잇나니라,이를데면,첫재에는아래에젹은(보기)

와같으니,

(二)물건셈의헤아름

(보기)(1) 일,이,삼,사,오,륙,칠,팔,구,십,백,천,만,(이는 漢字의 音으로만부

르는것)

(풀이)무슨,물건을헤아름에눈,낫셈말아래에,무슨일이나,물건의이

름을붙이어쓰는것이니이러케할제는셈말이얼마쯤바꾸임이 잇는지라아래엣그대강을적노라.

(보기)(2) 하나,둘,셋,넷,다섯,여섯,일곱,여덟,아홉,열,백,천,만,(이는조선 말노된것)

(첫재)기리,부피,무게,돈,들을헤아름.

둘재에는아래에적은(보기)와같으니.

(보기)

(一) 하나, 하로, 한달, 한살, 한두벌

(二) 둘, 잇흘, 두달, 두살, 두서너살

(三) 셋, 사흘, 석달, 세살, 석되, 서되, 서말, 셕셤, 석량, 두서 너사람,

(四) 넷, 나흘, 녁달, 네살, 녁되, 너되, 너말, 녁셤, 녁량, 서너 말,

(五) 다섯, 닷새, 다섯달, 다섯살, 닷되, 닷말, 닷량, 너댓마리,

(六) 여섯, 엿새, 여섯달, 여섯살, 엿되, 엿말, 여섯마리, 대엿되,

(七) 일곱, 일헤, 일곱달, 여닐곱사람,

(八) 여덟, 여들헤, 여덜달, 일여덜사람,

(九) 아홉, 아홉해, 아홉달, 엿이홉사람,

(十) 열, 열흘, 열달, 여남은사람,

(뜻둘것)위에적은것은,셈말이경우와버릇으로인하야바꾸여지는
것을대강말한것이니라.

(뜻둘것)

이밧게도,무슨,체례를,셈에는(번)또는(재)를,붙이어,한번,두번,세번,
첫재,둘재,셋재라,함이잇고,또는,무슨,물건의바탕에,따르어,한머
리,두개,세자루,네군대,다섯주,여섯포기,일곱밤이,여덟두둑,열바
리,한무번,두세채,네닷무덤,한덩어리,두통들의이름말이잇으며,
형편에,따르어,쓸지니라,하나에,차지못하는것을,반혹,가옷이라

함도 잇나니라.

(풀이) (3) 가르침대신이름(指示代名詞)은, 첫재 무슨 물것이나, 발오가 르치지 않고, 그, 갈래만 가르치는 말이니, 갓가운것, 중간것, 먼것이 밖에 것들을 가르치잇고, 그다음에는, 무엇을, 똑ㅅ이가르처. 자리나 향방이나 때를 대신함이 잇나니 아래의 (보기)와 같으니라.

(보기) (1) 가르침대신이름의 네가지. (指示代名詞의 四稱)

갓가움	중간	먼	그밧
이요(것)	그,고,(것)	족,저,(것)	어늬(것)

(보기) (2) 자리,향방,때들을 가르침 (處所,方向,時,)

자리	향방	때
곳,긔,되	리,되,쪽,편	제,때
이곳、그곳、커곳、저、 언의곳、여긔、거긔、저 긔、어듸	이리、그리、저리、어듸、이 쪽、그쪽、저쪽、언의쪽、그 편、저편、어늬편	이제、그제、저제、 언제、이때、그때、 저때、어늬때

둘재절　이름 말의 알음　(名詞의 知法)

(풀이)이름 말은,무슨것이던지,그 끝소리를,인하야알수 잇나니라.

(一)끝소리 가(ㄱ)일 때의 이름 말 (울죽임밧이 이름 말노 바꾸임( )표안에 쓴 것은 울죽임 말)

(보기)쓰기(쓰)보 기(ㄱ보)캐 기(캐)주 기(주)먹 기(먹)

(二)끝소리 가(개)일 때의 이름 말 (위와 갇음)

(보기)덥개(덥)집 개(집)싸 개(싸)

(三)끝소리 가(ㅁ)일 때의 이름 말 (위와 갇음)

(보기)꿈(꾸)쌈(싸)뜀(뛰)춤(추)

(四)끝소리 가(음)일 때의 이름 말 (위와 갇음)

(보기)먹 음(먹)읽 음(읽)받 음(받)살 음(살)죽 음(죽)적 음(적)녹 음(녹)

(五)끝소리 가(기)일 때의 이름 말 (끝말이 이름 말 노바꾸임)

(보기)높 기(높)크 기(크)좋 기(좋)넓 기(넓)( )(안에 쓴것은 끝말)

(六)끝소리가(이)일때의이름말。

(보기)길이(길)높이(높)깊이(깊)。

(七)끝소리가(ㅁ)일때의이름말。

(보기)푸름(푸르)큼(크)힘(회)씀(쓰)

(八)끝소리가(게)이나(위)일때의이름말。

(보기)무게(무거우)치위(치우)더위(더우)들과같으니라。

　　　셋재절　이름말의쓰임。(名詞의應用)

(풀이)이름말의쓰임은,임자,풀이,두가지가잇나니,이를,따로,따로,말

하면,아래와같으니라。

　(一)임자라함은,말의주장으로쓰임이니,보기를,들면。

　　꽃이웃고새가운다。

　라하면,이꽃과,새의두이름말은,이와,가의도움말을,더하여,웃

꽃이웃고새가운다。

과,울의임자가,된것이니라。

(二) 또 이 위의 두 말을 느리어 아래와 같이 쓰면, 폴이가 되나니, 보기
를, 들 면, 웃는 것은, 꽃이오.

울는 것은, 새 니라 함과 같으니라.

그러함으로, 똑같은 이 이름말이지마는, 그 쓰임이 이렇듯 달게 되
는 것은, 그 도음말의 달음을 따르어 글의 때임이, 또 한다른 까닭
이니라.

넷재절　이름말의 더, 들.　(名詞의 加減)

(풀이) 이름말은, 그 쓰이는 바에, 딸아, 바꾸임이 잇나니, 제몸은, 바꾸이
지 아니하고, 뜻만 바꾸임을, 뜻바꿈이라 하고, 혹 쯸 말이 나옴 즉 임
말, 노, 바꾸임을, 몸바꿈이라 하며, 그 쓰이는 법은, 항상 밋 말의 위에
나, 아래에, 말을 더 하던지, 덜 하야 되나니라, 보기를 들 면, 아
래와 같으니라.

(보기) (一) 뜻바꿈. (換意)

（보기）（二）쌀말노바꾸임. （轉形詞）

（보기）（三）움죽임말노바꾸임. （轉動詞）

（보기）（四）이름말이나,움죽임말을,더하던지,덜하던지하야바꾸임.

물	숲놀옷	햇옷
ㅅ	숭스숭님사람사람들	
손	솜씨엽	댕엽이
술	기슬가름사람사람스럽	
내	냅	
생각하	빛빛의	
솜,	옷솜옷	가락,찌가락찌
우,	옷옷옷불,손	불손
물,넘기	물넘기	

여 숫 일 곱 여 닐 곱

익 힘 (練 習)

(一) 홀노 이름은 무엇이뇨。

(二) 두루 이름?

(三) 꼴잇는 이름?

(四) 꼴업는 이름?

(五) 사람대신 이름?

(六) 셈대신 이름?

(七) 가르침대신 이름?

(八) 이름말의 알음?

(九) 이름말의 쓰임?

(十) 이름말의 더들?

아래에 젹은 말중에서 각이름 말을 찾으랴。

(1) 저거저꽃은어듸서가저왓소。

(2) 사람은마음을발으게가저야하오。

(3) 문밧에는구구가왓나보다그뉘시오。

(4) 남산은천년산이오,한강수는,만년수라하나니이는전브터나려온 노래이요。

(5) 멧시인지알지못하지마는창살에는꽃가지의그림자가질녓 고재장애서는새가한창지저귀오。

다섯재장　꼴　말　(形　詞)

첫재절　꼴말의뜻　(形詞의意義)

꼴말은,이름말(대신이롬말까지)의위와아래에,불이여,그언어한것 을,날아내는말이니,보기를,들면

(一)

꽃은붉고,솔은풀으다。

흰눈과,검은먹。

(二) 산은높고、달은작다。

•긴대와맑은물。

(三) 밤이질겁다。

좋은의깃분소식들

의「붉풀으、흰검」「높、작、긴、맑」

「질겁、좋깃분」들은、다이름말의끝을보이는、말이니라。

둘재절　끝말의갈래。(形詞의分類)

끝말은、두결의큰갈래가、잇나니하나는、밋끝말이오、둘재는、바꿈

끝말이라하나니라。

(보기)(一) 밋끝말。(本形詞)

크、작、많、적、희、붉、검、누르、기짤으、높、낫、김、얇、넙、좁、숩、•엽부、깃부、질겁、들

(보기)(二) 바꿈끝말。(轉形詞)

적막하이、샹하、괴이하。

산아희답게집답사람답。

험상시럽사람시럽새롭,

가고십,보고십,먹고십,

될상부르,줄상부르,들이니라。

　셋재절　쓸말의쓰임갈래(一) (形詞應用의分類)

쓸말은,그쓰이는형편에딸으어,두갈래의짓음이잇나니,첫재는,

그밋말대로,그냥쓰이는것이오,둘재는,그밋말의한편이바꾸역,

쓰이는것이라(보기)를,들면。

(보기)(一)　밋말대로쓰이는것。

차다크다곧다。

차앗다크엇다곧엇다。

차겟다크겟다곧겟다들이니라。

(보기)(二)　밋말의한편이바꾸인것。

•길다.•춥다.•기니•추으니.

•길엇다.•추엇다.•긴 날.•추은 밤.

•길겟다.•춥겟다.•길 이니라.

끌말쓰임의 갈래(二)

끌말의 쓰임은(이제)(現在)(지남)(過去)(옴)(未來)의 세 때 와.막 굿임(終止)반굿임.(半終止)이름말 불임(名連)움즉임말 불임(連動)겻(副詞)아님(否定)(모름도)의 아홉 태가 잇나니.아래에 따로.말 하노라.

(一) 끌말이(이제).(지남).(옴)의 세 때를.보이는 것.

(1) 끌말이 이제를.보임에 대하여.몸말에 불이려면.「ㄴ.은」을.쓰나니라.

(보기)차다 깃부다.밝다.들 끌말에 대하야.

찬 니 물 깃부 니 일 밝은 달.

(2) 끌말이(지남)을 보임에 대하여는「앗.엇」을.쓰고.몸말에 불이려면

「던」을 쓰나니라.

(보기)차엇다 깃부엇다 밝엇다。

차던물,차앗던물,깃부던일,깃부엇던일,밝던달,밝엇던달。

(3) 쓸말이(옴)을보이려먼「겟」을쓰고굠말에는「ㄹ、을」을쓰나니라

(보기)차겟다 깃부겟다 밝겟다。

찰물,깃불일,밝을달。

(4) 쓸말이(막굿임반굿임몸말붙임움즉임말지남옴몸말바꿈아니들의태를보이는데는,아래에젹음과같이일매지게쓰임이잇나니,(보기)를자서이보라。

(보기)첫재,가온대소리에매인◎말。(보기에一、二、三、은現在過去未來의時를表함)

밋말	막굿임 반굿임	몸임말 움쭉임말 말붙임 말붙임	지남	옴	바몸꿈 말말바꿈	아니
		(1) 며고	(1) ㄴ던	아	니	면	ㅁ	재	지
차	(1) 다	(2) 앗오고며	(2) 엇던	니까	으앗면	기
짜	(2) 앗엇 다다	(3) 갯으고며	(3) ㄹ		(2) 으앗면
맛나	(3) 겟 다				

서리	호리	회	누습으르	달돌오으	크오으	밧부	입부	깃부
(3)겟다	(2)엇다	(1)다	(3)겟다	(2)엇다	(1)다	(3)엇다	(2)엇다	(1)다
(3)겟으고며	(2)엇으고며	(1)며고	(3)겟으고던	(2)엇으고며	(1)고며	(3)겟으고며	(2)엇으고며	(1)며고
(3)ㄹ	(2)엇던던	(1)ㄴ	(3)ㄹ	(2)엇던던	(1)ㄴ	(3)ㄹ	(2)엇던던	(1)ㄴ
	어			어			어	
니까	니		니까	니		니까	니	
(2)면엇으	면		(2)으엇면	(1)면		(2)으엇면	면	
기	ㅁ		기	ㅁ		기	ㅁ	
	게			게			게	
	지			지			지	

(보기)들재,끝소리에매인끝말.

붉금	닭밝	적작 (少小)	밋말
(3) 겟다	(2) 엇다	(1) 다	막곳임
(3) 겟으고며	(2) 엇으고며	(1) 으고며	반곳임
(3) 을	(2) 엇던던	(1) 은 던	불몸말임
	어		말붙임 움붙임
으니세	으니		지남
면엇으	으면		옴
기	음		바몸꿈말
	겟		말바꿈겼
	지		아니

험하	착하	귀하	어설피	시	계시
(3) 겟다	(2) 엇다	(1) 다	(3) 겟다	(2) 엇다	(1) 다
(3) 겟호고며	(2) 엇으며	(1) 며고	(3) 겟으고며	(2) 엇으며	(1) 며고
(3) ㄹ	(2) 엇던던	(1) ㄴ	(3) ㄹ	(2) 엇던던	(1) ㄴ
	어			어	
니까		니	니까		니
(2) 면엇으		면	(2) 면엇으		면
기		ㅁ	기		ㅁ
	게			게	
	저			지	

이밖에도 곧, 덞, 검, 줍, 넓, 잇, 갈, 좋, 많, 갈, 잦, 높, 깊, 얇, 두텁, 들 끝말은 다

이와갈으니라 (몸말은 아름말 파갈음)

(보기)셋재가 온대 소리에 매인 끗말의 또 한 갈래.

밋말	막굿임	반굿임	몸말붙임	움속말붙임	지남	옴	몸꿈	겻꿈말바	아니
기 (1) ㄹ다	ㄹ며고	ㄴ		ㄴ	ㄹ면	ㄹ음	ㄹ게		
(2) ㄹ엇다	ㄹ엇으며	ㄹ엇던	ㄹ어	까	ㄹ이	ㄹ이	ㄹ게		
(3) ㄹ겟다	ㄹ겟으고며	ㄹ		니	(2)ㄹ엇으면	ㄹ이	ㄹ게		ㄹ지

이밖에 잘다, 달다, 멀다, 걸다, 들의 끝말도 이와 갈음

(보기)넷재 끝 소리에 매인 끗말의 또 한 갈래.

밋말	막임굿	반임굿	몸말임붙	움죽붙임말	지남	옴	몸꿈바	겻말꿈바	아니
춤 (1)다	(1)으며	(1)은			으니	으면	이	게	지
(2)엇다	(2)엇으고며	(2)엇던	어		으니까	으면	기		
(3)겟다	(3)겟으고며	(3)을			(2)엇면으	음			

이 밖에 •덥 •묵업 •섭어렵 •곱 밉 부럽 아름답 웃읍 새롭 사나 희답들 꼴

말은 다 이와 같으니라

그리고 끝소리가 ㅂ인 꼴말은, 혹은 버릇으로, 인하여 「ㅏ ㅡ」들 위에

서는 ㅂ의 소리가 섞어짐이 잇나니라, 그리하여 (ㅂ)소리의 대신으로

(ㅜ)소리를 냄이 잇나니, (보기)를 들면 ㅂ==ㅜ.

춥이 == 추ㅜ이 == 추위.

덥이 == 더ㅜ이 == 더위.

무겁이 == 무거ㅜ이 == 묵어워.

쉽으면 == 쉬우으면 == 쉬우면들이니라.

넷재절　가르침꼴말. (指示形詞)

(풀이)가르침꼴말이라 함은, 꼴말이 홀노 잇을제는, 엇더한 뜻도, 되지

안는 말에,「이, 그, 저, 엇, 엇던」들의 가르침이름말을 불어 쓰는 말이니,

(보기)를 들면 아래와 같으니라.

(보기) 이러하. 그러하. 저러하. 엇더하.

이따위. 그따위. 저따위. 엇던따위.

이까짓. 그까짓. 저까짓. 돌이니라.

그런데따위까짓이라는말은록이맛당치못하거나,또는,비웃는

뜻을가진것이니,이런꼴말을쓸제는,조심할것이니라.

그리고,(하)는원래북소리인고로,소리가약하여,표나지않기쉬운

고로,이러한은,혹이런으로,그러한은,혹그런으로,저러한은저런

으로,엇더한은,엇던으로바꾸임이잇나니,이러할지라도,무방하

니라.

다섯재절　꼴말의바꾸임. (形詞의轉換)

(풀이)꼴말은,혹바꾸여,이름말도되고,움즉임말,겻말들이되는수가,

잇으며,혹은,그꼴말의뜻을더욱뚝썻하게함도잇나니,아래의보

기를보라

(보기)(1) 꼴말이 이름말 노바꾸이는 것은 ㅁ,음,기,이들을 더하나니.

꼴말	이름말	꼴말	이름말
차	참	맛나	맛나기
짜	짬	•작	작기
숲	숨	넓	넓이
곧	곧음	높	높이
깊	깊이	열	열음 들

(보기)(2) 꼴말이 움즉임말 노바꾸임.

꼴말	움즉임말	꼴말	움즉임말
반갑다	반갑어한다	반가워	반가워한다
미섭다	미섭어한다	미서워	미서워한다
밉다	밉어한다	미워	미워한다
입부다	입부어한다	입붜	입붜한다

싫다　싫어한다　좋다　좋어한다

(보기)(3)　끌말이겻말노바구임。

(풀이)끌말이겻말노바구임에는「게、니、히」를더하나니라。

끌말	겻말	끌말	겻말
크、	크게。	붉、	붉게。
밝、	밝게。	•작、	작게。
높、	높히。	깊、	깊히。
•쉽、	•쉬히。	•멀、	•멀니。
빨。	빨니。	게을。	게을니。　들이니라。

여섯재절　끌말의더하고,들함。（形詞의加減）

(풀이)끌말의더、들은、끌말의위나아래에움죽임말이나、이름말이나、또는、끌말을더하던지、들하여、밋끌말의뜻을바꾸는것。

(보기)•갈다란(가늘)　커다란(커)　넓다란(넓)　좁다란(좁)　높다란(높)

•굵다란 (굵) •곱다란 (곱) •걸다란 (걸) •되다란 (되) 엷다란 (엷) 둑

겁다란 (다란은 다라한의 줄임)

길직 (길) 큼직 (크) 높직 (높) 넙직 (넙) 굵직 (굵) 되직 (되) 묵직

(묵) 묵근 얇한 (얇) 깊윽 (깊) 물신 (물으) 좁듸좁 (좁) •걸듸걸

얇듸얇 (얇) 되되된 (되) •검듸검 (검) 입부장 (입) 밉살머리 (입)

•놀아 (놀으) •팔아 (풀으) •밝아 (붉으) 하야 (회) •감아 (검) •맑아 (맑) •눌언

(눌으) •펼언 (품으) •붉언 (붉) •허연 (희) •검언 (검)

새밝아 (붉) 싱검 (검) 길주 (길) 짤막 (짤) 검붉 (검,) 재바르 (재,

바르) 무르녹 (무르, 녹)

(뜻 둘것)이 위에 적은 끌말 밖에도, 이러한 것이 허다하거니와, 이러한

끌말들은 대개는, 밋끌말의 뜻을 더욱 세게 하거나, 또는, 약하게 혹

은, 옅게 하는 데에, 쓰이는 것이니, 글월을 꿈이는 데에가 장자미잇

는 것이니라.

일곱재절　끝말의 알음 (形詞의 知法)

(풀이)끝말과,움즉임말의 쓰임은,그 끝이 대개 갈으나,특이 달은 것이 잇음으로써,끝말과,움즉임말은,자연 아라내기 어렵지 아니하 니죽,그 달은 것은,끝말과,움즉임말의 막 굿임과,몸말 불임의 이제 때을,표하는 것으로,알지니,움즉임말에 는,막 굿임과,몸말 불임이 제그 밀말과,도음말(다)의 사이에,가온대 소리 아래에 는,(ㄴ)끝 소리 아래에 는,(는)을 쓰고,몸말 불임 이제 때를,표함에 는,(은)을 쓰되,끝말 에 는,막 굿임에 때 말을 쓰지 않고,도음말 이 곳불으며,몸말 불임이 제때를,표함에 는,가온대 소리 아래에,(ㄴ)끝 소리 아래에,(은)의 때 말 을 쓰나니라.

(보기)　(막 굿임이제)　(몸말불임이제)

끝
말
｛
짜 다.
놉 다.
｛
희ㄴ 눈.
맑은 물.

움즉임가 ㄴ다。
　　｛뛰는 말。
말｛먹는 다。｛집는 떡。

여덜재절　꼴 말의 쓰임 (形詞의 應用)

꼴 말의 쓰임은, 풀이 말, 딸임, 매임 의 세가지가 잇으니, 이를, 따루따루,
말하노라。

(一) 풀이로 쓰임은, 아래와 같으니,
뜻이크다。

힘이적다 라 함과 같으니라。

(二) 딸임으로 쓰임은 아래와 갓으니,
큰 뜻이 잇도다。

적은 힘으로 엇지하랴 함과 같으니라。

(三) 매임으로 쓰임은 아래와 같으니。
뜻을 크게 가지어라。

힘이젹이쓰이면이라함과갈으니라

익힘。(練 習)

(一) 밋꼴말？

(二) 바꿈말？

(三) 꼴말의쓰임갈래？

(四) 가르침꼴말？

(五) 꼴말의알음？

(六) 꼴말의쓰엄？

아래젹음에서 꼴말을찾으라.

(1) 좋은경치를사랑하지않는사람이,누구요.

(2) 좁은곳도,넓은듯하개보이는것은,정한게한까닭이요.

(3) 향긔로운꽃과새로운뇌이사람의정신을상쾌하게한다.

(4) 부드러운것은,능히강한것을졔어한다.

(5) 어리석은사람을달ㅅ한소리만한다。

(6) 맑숙한하날에둥구릿케달이떳다。

여섯재장　움죽임말。(動　詞)

첫재절　움죽임말의뜻。(動詞의意義)

(풀이)움죽임말은,무슨일이나,물건의움죽임을표하는말이니,이는,

반듯이,일음말에붙어서,그,직분을이루는것이라。(보기)를,들면,

사람이가오가는,사람。

밥을먹소먹는,밥이라하면。

「가」「먹」을은,움죽임말이니라。

움죽임말이,그,직분을,다,하려함에는,반듯이,그,말밋아래에,때ㅅ

말과,도음말을,더,하여야할지니,움말의곁에를,따르어,그,때ㅅ말

과,또는,돔말도,일정한것이잇어서,그,몃가지본만알면,엇더한움

죽임말이던지,쓸수잇나니라。(돔도음말,움은움죽임말의줄임)

(보기)움즉임말이,쓰임에대하여,때ㅅ말과 돕 말의 쓰임.

바람이부오。　　　　(오 는, 돕 말)

부는바람。　　　　　(는 은,때ㅅ말)

글을넑는다。　　　　(는 은,때ㅅ말,다 는 돕 말)

넑는글,　　　　　　(는 은,때ㅅ말)

신문을보면　　　　　(면 은,돕 말)

볼신문　　　　　　　(ㄹ은,때ㅅ말)

밥을먹으니,　　　　(으 니 는,때말)

먹던밥.　　　　　　(던 은,돕 ㅅ말)

떡을먹소。　　　　　(소 는, 돕 말)

사람이갓음니다。(ㅅ은,때ㅅ말,음 니 다 는,돕 말)

불을켜읍니다。　　　(읍 니 다 는,돕 말)

　둘재절　움즉임말의 갈래。(動詞의分類)

(一) 움즉임말짓음의갈래。

(풀이)움즉임말을짓음에는,두갈래가잇나니,그하나는처음부터움

즉임말노된것이오,그둘재는처음에는움즉임말노된것이아니

나,두말이서로맞아움즉임말노되는것이니(보기)를들면,아래와

같으니라。

자가。않보。두먹。잡엵파믄팔사。(이는처음부터움즉임말노됨)

운동하말하노래하좋어하질겁어하。

다름잘하노여하。(이는처음움즉임말이아니나두말이맞아움즉임말노됨)

(二) 움즉임말의밧탕과차림의갈래。

(풀이)움즉임말의바탕과차림의갈래는,네결노낭으나니,첫재는,저

가저의움즉임을보이는것,둘재는,남에게움즉임을더하는것,세

재는,남을움즉이개하려고,움즉이는것,넷재는,남에게움즉임을

입는움즉임이니,아래에따로(보기)를드노라。

(보기)(1) 저움죽임말 (自動)

가자. 피. 말하. 좋아하.

녹 흘느. 웃. 울. 서. 들,

(보기)(2) 남움죽임말 (他動)

쫓. 딸이. 불으. 타.

먹. 잡엇. 핥. 훑. 들.

(보기)(3) 거듭남움죽임말 (使動)

먹이. 보이. 벗기. 업히. 들.

(보기)(4) 입움죽임말. (被動)

맞. 때우. 밟히. 채이. 들.

셋재절　움죽임말의바꾸임 (動詞의轉換)

(풀이)위에말한여러가지,움죽임말은,일정불변하는것이아니라,엇
더한도음말을,불임에,따르어여러가지,바구임이,생기나니,혹,저

움죽임말이, 남움죽임말노, 바꾸이기도하고, 남움죽임말이, 저움죽임말노, 바꾸이기도하고, 거듭남움죽임말이, 입움죽임말노바꾸이기도하나니, 아래에따로, 보기를드노라.

(보기).(一) 저움죽임말이, 남움죽임말노, 바꾸이는것. (이러함에는, 기이히, 우어티리)들의, 여섯가지, 돔말을, 붙이나니라.

(一) 기를붙이어되는것.

밋말	저움죽임말	남움죽임말
숨	숨엇소	숨기엇소
남	남엇소	남기엇소
웃	웃는다	웃기엇다

(二) 니를붙이어되는것.

밋말	저움죽임말	남움죽임말
날	날어가다	날닌다
살	살엇다	살닌다
•울	울엇다	울닌다
•돌	돌어간다	돌닌다
말 으	말으엿쇼	말니시오
굴 으	•굴은다	굴니시오
울 으	을은다	울니ㄴ다

그런데 (날。살。•울。•돌)들의 밋말은 (나사우도)들노 잡음이 잇고 (말 으굴 으울 으)들의 밋말은, 남움죽임말 노바꾸일때는 (으)를 쓰지아니함。

(三) 이를불이어되는것。

밋말	저움죽임말	남움죽임말
	저움죽임	남움죽임

녹	녹엇소	녹이엇소
죽	죽엇**쇼**	죽이엇소
깨	깨엇소	깨이엇소
불	불엇소	불이엇소
들	들엇소	들이엇소
긁	긁엇소	긁이엇소
줄	줄엇소	줄이엇소
지나	지나갓소	지나이(지내)다
•다	•다왓소	다이다
•라	라ㄴ다	라이(래)오
•놀나	놀낫소	놀나이(놀내)오

그런데,(들.줄.)들의 밋말은,(드.주.)의 밋말 노, 잡기 도 함.

(四) 히를 붙이어 되는 것.

밋말	저움 죽임 말	납움 죽임 말
맛	맛엇소	맛히엇소
묻	묻엇소	묻히엇소
굼	굼엇소	굼히엇소
맷	맷엇소	맷히엇소
썩	썩엇소	썩히엇소
식	식엇소	식히엇소
묵	묵엇소	묵히엇소

(五) 우를 붙이어 되는 것.

밋말	저움 죽임 말	납움 죽임 말
닐	닐엇소	닐우엇소
건	건엇다	건우엇소
빗이	빗이엇다	빗이우엇다

밋말	저움죽임말	남움죽임말
서	서엇소	서이(새)우다
덥	덥는다	멉이(데)우다
돌	돌엇다	돌우다
피	피엇다	피우다

(六) 어티리, 를, 붙어 되는 것.

밋말	저움죽임말	남움죽임말
넘어지	넘어지엇다	넘이리리엇다
문어지	문어지엇다	문어터리리엇다
깨어지	깨어지엇다	깨터리리엇다
못어지	못어지엇다	못어리리엇다
잡어지	잡어지엇다	잡어터리엇다
붙어지	붙어지엇다	붙어리리엇다

(七) 저움죽임말과, 남움죽임말의 밋말이, 갖아 안은 것.

밑 말	저 움 죽 임 말	밑 말	남 움 죽 임 말
가	가 다	보 내	보 내 다

보기 (二)　남움죽임말이저죽임말노바구이는것.

(1) 기를붙이어된것.

밑 말	남 움 죽 임 말	저 움 죽 임 말
안	아 기 를 안 엇 소	아 기 가 안 기 엇 소
감	눈 을 감 으 시 오	눈 이 감 기 오
잠 그	문 을 잠 그 시 오	문 이 잠 기 엇 소

(2) 니를붙이어된것.

(잠그)는저움말노바꾸일제(잠으)로됨

밑 말	남 움 죽 임 말	저 움 죽 임 말

열	문을열엇다	문이열니엇다
돌	소리를돌엇다	소리가돌니오
걸	옷을걸엇다	옷이걸니엇소
떨	손을떨엇소	손이떨니오

(3) 이, 를붙이어되는것.

밋말	남움죽임말	저움죽임말
보	글을본다	산이보인다
파	우물을파앗소	땅이파이엇소
모	사람을모은다	사람이모인다
쓰	돈을쓰시오	돈이쓰인다
쌍	노적을쌍엇소	노적이싸이엇다
얻	그릇을엎엇소	그릇이엎이엇소
덥	발을덮엇다	발이덮이엇다

(4) 히를,불이어되는것.

밋말	남움죽임말	저움죽임말
먹	밥을먹엇소	밥이먹히오
잡	집생을잡엇소	집생이잡힌다
업	아기를업엇다	아기가업히엇다
접	조회를접엇다	조회가접히엇다
밟	땅을밟엇다	땅이밟히엇다
막	구멍을막엇다	구멍이막힌다

(5) 어지를불이어되는것.

밋말	남움죽임말	저움죽임말
풀	약을풀엇다	약이풀어지오
긁	줄을긁엇다	줄이긁어지오
빗	옷을벗엇다	옷이벗어지오

남움즉임말노,부터저움즉임말이된것에는,어지를,불어도,아무
바구임이없나니,(감기어지,걸니어지,쓰이어지,먹히어지)들파갈
으며.

어티리를,남움즉임말에,더하여도,아무바구임이,없나니,열어티
리,파아티리,잎어티리,끊어티리들파갈으니라.

(보기)(三) 남움즉임말이거듭남움즉임말노바구임.

밋말	남움즉임말	저움즉임말	거듭남움즉임말	(뜻둘겟)
감	감	감기	아기의눈을감기어라	거듭남움죽임말노될때에는도음말(룰、에개)둘의쓰임을살
•안	•안	안기	아기는하인에게안기시오	
들	들 (드)	들니	그이재말하여들니시오	
•걸	•걸 (거)	걸니	옷은그아회에게걸니시오	
보	보	보이	생도에게그림을보이어라	
먹	먹	먹히	아회에게밥을먹이어라	

업	밥	벗	쓰
업	밥	벗	쓰
업	밥	벗	쓰
히	히	어저	이
하인ᄋᆡ게아기를업히어라	노인이손자ᄋᆡ게허리를 히인다	그이의옷을벗기이라	글시를씨우겟소

피라

(一) 남움죽임말과, 입움죽임말.

남움죽임말과, 입움죽임말의 밋말이, 갈은것.

(보기) 남움죽임말, 과 입움죽임말.

밋말	남움죽임말	입움죽임말	보기
배앗	배앗	배앗기	돈을쌔앗기엇소
●감으 / ●감오	감	감기	동무에개, 눈을감기엇소
찔으 / 찔오	찔	찔니	것을찔녀엇소 / 가시(에개)를찔녀엇소
빨	빨	배니	젓을빨니엇소
차	차	차이	말에개차이엇소
쓰	쓰	쓰이	벌에개쓰이엇소

(뜻둘것) 위와가틈

(二) 남움죽임말과 안움죽임말의 밋말이 달은 것.

남움죽 임말	브	기	안움죽 임말	보	기
하		삭군을고용한다	되		일군으로고요되엇다
속 이		날을속인다	속		남에게속엇다
가뜻		글을가르친다	배 우		선생에게산술을배우다
구 짓		생묘물구짓엇다	들		생도가걱정들엇느
나 라		복동울노린다	맞		불군이가맛엇다

파					
먹					
파 아					
먹 히					

일군, 하주인해개발을파이엇소
남서개돈울먹히엇다

익 힘 （練 習）

(一) 눈이녹으면싹이나옴니다.

아래예적은글월속에서모든결의움죽임말을찾으라.

(2) 날이 다듯하면, 꽃이 피겟지오.

(3) 선생이 생도에게, 글을 가르처 선다.

(4) 글도, 닑히고, 쓸시도, 씨우신다.

(5) 병아리가, 솔개에게 차이다.

(6) 복동은, 맞고 순복은, 따리엇다.

(7) 장마비가, 도담을 넘어드리엇소.

(8) 하날은 맑고, 바람은 잔々 한데, 사람은 놈니다.

넷재절 움죽임말의 때. (動詞의 時)

(풀이) 움죽임말의 때는, 이제 지남, 옴의 세 결 노, 냥오나니, 엇던 것이던 지, 반듯이도, 음말을 불어야 할 것이오, 또는, 그 때 말도, 한결 갈으니라.

(보기) (1) 이제를, 표함에는 「ㄴ, 는」을 쓰며.

곰말 불임에 는「는」을 씀.

가ㄴ다。가는사람。먹는다。

(보기)(2) 지남을, 표함에는, (앗, 엇)을쓰며

몸말불임에는, 「ㄴ, 은, 던」을씀。

가앗다　두엇다　먹엇다

가ㄴ사람, 가던사람, 두ㄴ바둑　두던바둑。

먹은밥　먹던밥

(보기)(3) 옴을, 표함에는, 「겟」을쓰고, 몸말불임에는「ㄹ, 을」을씀。

가겟다。　두겟다。　먹겟다。

가ㄹ사람。　둘바둑。　먹을밥。

다섯재절　움즉임말의쓰임갈래。(動詞應用의分類)

(풀이)움즉임말은, 그움즉임의뜻을드러냄과, 또는, 다른말과불이기
때문으로, 그말이, 온갓꼴을내나니, 이를움즉임말의쓰임갈래라

하나니라,

움즉임말의 쓰임갈래는, 아홉가지에, 낭오나닛, (一)막굿임 (二)
반굿임 (三)몸말불임 (四)움즉임말불임 (五)지남 (六)옴 (七)
몸말바꿈 (八)부팀 (九)금지들이며, 움즉임말불임은, 끌말불임
또안기고, 금지에는, 아니와, 그러함도 안기우니라.
그리고, 박굿임에는, 이제지남, 옴의세때로, 낭오나니, 아래에, 보기
를, 들면.

움즉임말(보)를 아홉갈래로, 낭오면,

(一)막굿임
　이제＝보ㄴ다　보오.
　지남＝보앗다.　보왓소.
　옴＝보겟다.　보겟소.

(二)반굿임
　이제＝보고.　보며.
　지남＝보앗고.　보앗으며

〔옴=보겟고.　보겟으며.

(三) 몸말불임
　이제=보는책.
　지남=보ㄴ책보던책(보앗던책)
　옴=볼책

보게가지어온다.

(四) 움즉임말불임
　움즉임말=보아알엇다.
　쓸말=보기싫다

(五) 지남=보니(보니까)본즉

(六) 옴=보면　보앗으면(지남의 뜻을 낌).

(七) 몸말바꿈=봄,보기.

(八) 부림=보아라.

(九)
　금지=보지마아라(말어라.
　아니=보지않는다.
　그러=그만보지오.

위에겨은것은, 움즉임말속에서, 하나를빼ㄴ것인데, 가온대소리, 또
는, 끝소리의까닭이라던지, 쓰임의까닭들노, 인하여, 조곰식달은
뜻도, 잇을것은알것이라.

움즉임말의쓰임.

(보기) (一) 가온대소리에매인것의쓰임

밋말	사새나자가 (一)	(二)	(三)	오 (一)	(二)	(三)
막긋임	ㄴ다	앗다	겟다	ㄴ다	앗다	겟다
반긋임	며고	앗으며	겟으며	며고	앗으며	겟으고며
몸말붙임 움즉임말붙임	는 재아 기(꼴)	던ㄴ	ㄹ	는 아,재,기 기(꼴)	던나	ㄹ
지남	까닛니	ㄴ죽		니	ㄴ죽	
움	면	앗으면		나까	면	
바꿈 몸말	ㅁ	기		ㅁ	기	
부림	아라	아라라		아라	(ㄴ어라)	
금지	지			지		

올으 끌으 불으			추 두			켜 서			브		
(三)겟다	(二)엇다	(一)ㄴ다	(三)겟다	(二)엇다	(一)ㄴ다	(三)겟다	(二)엇다	(一)ㄴ다	(三)겟다	(二)앗다	(一)ㄴ다
(三)겟으고며	(二)엇으고며	(一)며고	(三)겟으고며	(二)엇으고며	(一)며고	(三)겟으고며	(二)엇으고며	(一)며고	(三)겟으고며	(二)앗으고며	(一)며고
(三)ㄹ	(二)던ㄴ	(一)는	(三)ㄹ	(二)던ㄴ	(一)는	(三)ㄹ	(二)던ㄴ	(一)는	(三)ㄹ	(二)던ㄴ	(一)는
기(꿀)		게어	기(꿀)		게어	기(꿀)		게어	기(꿀)		게아
ㄴ죽	니까	니	ㄴ죽	니까	니	ㄴ죽	니까	니	ㄴ죽	니까	니
(二)엇으면		면	(二)엇으면		면	(二)엇으면		면	(二)앗으면		면
기		ㅁ	기		ㅁ	기		ㅁ	기		ㅁ
	어라 어리			어라 어리			어라 어리			아라	
지			지			지			지		

（보기）（二）　끝소리에 매인 움죽임말의 쓰임

품말	먹	읽	긁	막	닭
막굿임	（一）는다	（二）엇다	（三）겟다		
반굿임	（一）으고며	（二）으고며	（三）겟으고며		
몸말임붙	（一）는	（二）던온	（三）을	재어	기（끌）
움죽임말붙임	지남 으니	으니까	온 으면	죽	（二）엇으면
움	음				
바몸꿈말	부림	어	이 기	음	
금지	지	라			

지	살지	치	하	겸하
（一）ㄴ다	（二）엇다	（三）겟다		
（一）ㄴ다	（二）엇다	（三）겟다		
（一）며고	（二）엇으며	（三）겟으며		
（一）며고	（二）엇으며	（三）겟으며		
（一）는	（二）던	（三）ㄹ	재어	기（끌）
（一）는	（二）던	（三）ㄹ	재어	기（끌）
ㄴ	니	ㄴ 죽	까	（二）엇으면
ㄴ	니	ㄴ 죽	까	（二）엇으면
면	기	ㅁ	어	라
면	기	ㅁ	어	라
지				
지				

사			밋말				(보기)(二)	굳	언	반		신	안
(三)ㄹ겟다	(二)ㄹ엇다	(一)ㄴ다	막궂임				가온대소리에매인움즉임말의쓰임의또한갈래。	(三)겟다	(二)엇다	(一)는다		(二)엇다	(一)는다
(三)ㄹ겟으며	(二)ㄹ엇으며	(一)ㄹ며고	반궂임					(三)으고며	(二)으고며	(一)으고며		(二)으고며	(一)으고며
(三)ㄹ	(二)던ㄴ	(一)는	몸임불 움즉임말불임					을	(二)운던	(一)는		(三)을던은	(一)ㄴ
		ㄹ재어	지남						기(꼴)	재어		기(꼴)	재어
		ㄹ기(꼴)						온죽	으니까	으니		온죽	으니
	(二)ㄹ엇으면	ㄴ죽 니 니까	음					(二)엇으면	으면	으면		(二)엇으면	으면
ㄹ이	ㄹ기	ㄹ면 ㄹ옴	말몸 바꿈					기	음	음		기	음
		ㄹ어라	부림						어라	어라			어라
		금지	금지					지	지	지		지	지

이밖에、(•어•노•조•우•부•드•느•감으•미•비、들•은•다、이러하나라.

(보기)(四)끝소리에매인움즉임말의쓰임의또한갈래.

밋말	돕 눕	붓•낫•넛 짓	깨달 걸 들
막굿임	(一)는다 (二)엇다 (三)겟다	(一)는다 (二)ㅅ엇다 (三)겟다	(一)ㄷ는다 (二)엇다 (三)ㄷ겟다
반굿임	(ㅅ)으고 (二)엇으고며 (三)겟으고으며	(一)ㅅ으며 (二)ㅅ엇으고 (三)겟으며	(一)ㄷ으며 (二)엇으고으며 (三)ㄷ겟으고으며
모임말붙	(ㅅ)는 (ㅅ)던는 (三)을	(一)는 (二)ㅅ던은 (三)ㅅ을	(一)ㄷ는 (二)ㄷ은던 (三)을
움즉임말붙	기(끝) 게어	(ㅅ)게어 기(끝)	어、ㄷ게 ㄷ기(끝)
지남	으니 으니까 엇오면	(ㅅ)운즉 (ㅅ)으니 (ㅅ)으니까 (ㅅ)엇으면	운즉 으니 으니까 엇으면
옴	으니 으면 음	(ㅅ)으니 (ㅅ)으면 (ㅅ)음	으니까 으면 음
바꿈말	이 기 음	이 (ㅅ)음 기	어 ㄷ기
부림	ㅂ어라	(ㅅ)어라	으라
금지	지	지	ㄷ지

여섯재절 음즉임말의 바꾸임。(動詞의轉換)

풀이)움즉임말은일음말이나,또는,꼴말노,바꾸임이잇나니, (보기
를,들면, (자)가, (잡)으로, (먹)이먹음으로,됨은,일음말노바꾸임이
오, (사랑하)가사랑욹으로, (먹)이먹음즉으로,됨은,꼴말노바꾸
임이라,그리고,움즉임말은,그,쓰이는바를,따라,몸은,바꾸이지아
니하나,뜻이바꾸임이잇고,또는,뜻이나,몸이다,바꾸임이잇나니
아래에, (보기)를,드노라。

(보기)(1) 돌아돌 뭉돌어신 집신 신다신 는 들
이는,몸은,그대로,잇고,뜻은,바꾸임。

(보기)(2) 남어지。 (열)열매。 (먹)먹기。

(봄)(갈으)갈래,들。

(보기)(3) 놀라)놀랍。(밀)민브)(질기)질겁들은브,ㅂ,를,더하며,ㅣ를,덜고,
이는,어지맥기,ㅁ,을,더,하거나,으,를,덜고,래,를,더하야,바꾸임。

닙을 더하야 바꾸임.

(보기)④(열달)여달.(틀나)드나.(메끈)메끈.(묵발)묵발.

이는, 움즉임말이서로, 닛어서다시, 움즉임말노, 움즉임말파이름

말이닛어서이름말이된것이니, 움즉임말은, 이러틋바꾸임이많

으니라.

　　일곱재절　움즉임말쓰임의자리. (動詞應用의位)

(풀이)움즉임말의쓰임은, 풀이딸임, 매임의세가지가잇으니, 이를따

로, 따로말하면아래와같으니라.

(一) 풀이로쓰임.

사람이웃는다같이, 벽에걸이엇다.

저애가떡을먹는다.

내가책을그에게주ㄴ가.

이말의웃걸이먹주율둘은, 풀이니, 곳, 사람, 길떡, 책들입자의풀이

로,쓰임이니라。

(二) 딸임으로,쓰임

옷는사람벽에,걸닌칼,먹는떡,그에게주은책。

이말의옷걸인,먹주는,들은,딸임이니,곳,사람,칼,떡,책,들의딸임으로,쓰임이라。

(三) 매임으로쓰임。

사람을옷게한다,칼을걸이게한다,떡을먹어야좋겟다,책을그에게,주어야하겟다。

이말의옷걸이먹주어,들은,매임이니,곳,게이게어야,들의도움말을더하야,한,한,좋겟,들의매임으로,쓰임이라。

익험。(練　習)

(一) 옴즉임말의때?

(二) 움즉임말의짓음갈래?

(三) 움즉임말의 쓰임갈래?

(四) 움즉임말의 바꾸임?

(五) 움즉임말쓰임의 자리?

애래에적은 말중에서, 움말들을 찻고, 그 성질을 말하라.

(一) 꽃은 피고 나뷔는 날는다.

(二) 버들가지에 앉은 꾀꼬리를 아희가 날니엇다.

(三) 봄에는, 웨그리 비오고 바람부는 날이 많은지.

(四) 선생에게 글을 배우고, 글시도 씨워엇다.

(五) 남에게 속을지언정, 남을 속이지마라.

(六) 아기가 어머니 품에 안기엇다.

(七) 아들을 입학식히려고 서울까지 왓다.

(八) 옷이 벽에 걸니엇스니 입으시오.

(九) 가르치려다가 가르치엇다.

(十) 듯는 님새가 바람에 불녀서 펼々 날닌다。

일곱재장 겻말 (副詞)

첫재절 겻말의 뜻。(副詞의 意義)

(풀이)겻말은,움죽임말이나,끗말이나,또는 겻말에,붙어서,그,밋말의 뜻을,여러갈래로,꿈이어주는말이니,(보기)를,들면

오날은,더,춥소。

이벼는,매우,늦인씨이오。

나는,곳,가겟습니다。

이꽃은,퍽,늦게,피엇소라하면,

「더,매우,곳,퍽」들은,다,겻말이니라。

둘재절 겻말의 갈래。(副詞의 分類)

겻말은,그,수가심히많은고로,그가닥도,또한,적지아니한지라,이

에、이를、두 갈래에、남오면、첫재는、본래껏말、둘재는、바꾸임껏말이니라。

(一) 본래껏말 (本來副詞) (이는、그가닥이퍽많으나아래에대충드노라)

•잘	•늘	•다	좀	•덜	참	왜	곧	더	석	뚝	하
이제	다만	혹시	모도		벌서	발서	거진	얼는	고대	조곰	족곰
그처럼	잇다금	좀처럼	마음내	오히러	이처럼	반듯이	일죽이	곰죽이	차라이	아모태	부루루
반작반작	얼음얼음	덜넝덜넝	쪼각쪼각	앗독앗독	작근작근	휘청휘청	돌먹들먹	혼돌혼돌	출넝출넝	울넝울넝	잇지던지

（보기）

(1) 저사람은, 늘, 글만읽소.

(2) 그아희는 참, 잘생기엇소.

(3) 자네는, 잇다금, 웬일인가.

(4) 너는, 글세, 왜, 그리하느냐.

(5) 등불이, 반작, 반작, 빛이인다.

(6) 나무입이, 우수수, 떠러진다.

(7) 샛밝아하다, 샛밝아타.

● 을, 그런것은, 것말.

픽			
꼭			
오직	우수수		
악가	도리혁		
우	겨우		
합부도	굼하여		
글세		엇지하뎐	

(二) 바꾸여된것말。(轉成副詞)

이는,꼴말이나,이름말이나,또는다른말노부터바꾸여것말노된 것이니,아래에따로따로말하노라。

(1) 꼴말이바꾸여된것。

이는,꼴말에「게,히,니」들도음말을붙이나니라。

옳게	정하게	저러하게	무던히
크게	더되게	단々하게	가만히
굼게	가늘게	별々하게	뚝々히
십게	어렵게	뚝々하게	가득히
춤게	모질게	엇더하게	가같이
희게	입부게	반々하게	어지간히

(보기)

(一) ●모질게생간목숨이,오래산다。

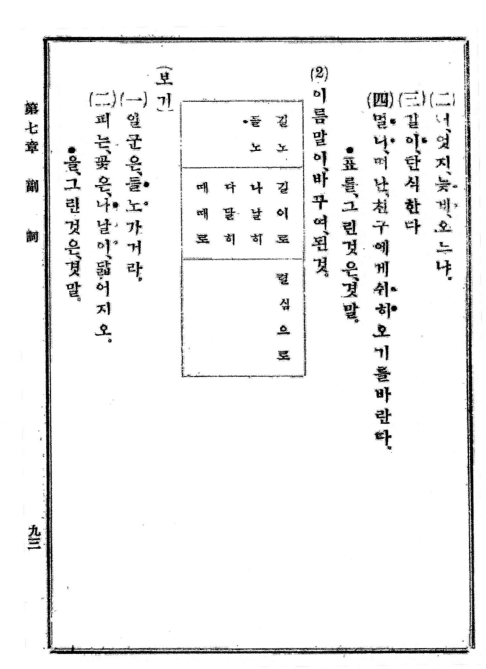

(二) 너 었지 늦게 오느냐.

(三) 길이 단식 한다.

(四) 멀니 떠난 친구에게 쉬히 오기를 바란다.

(2) 이름말이 바꾸여 된 것.

● 표를 그린 것은 것 말.

길노	길이로	렬심으로
● 들노	나날히	
	다달히	
	때때로	

〔보기〕

(一) 일군은 들노 가거라.

(二) 피는 꽃은 나날이 닮어지오.

● 을 그린 것은 것 말.

(3) 다른 말 노, 브터 바구여 된 것. (이는흔이 漢字로된말에 돔말을븣이어쓰는것)

별노	우연히	제출물에	분명히
섭히	비상히	볼가불	속々히
파히	풍연히	긔어히	외외에
필경	이상히	별안간에	줄디에
종죵	결단코	외례히	매단히
가령	내종에	미상불	미구에

〔보기〕

(一) 결단코 그러치 않소,

(二) 우레소리가 은은히 나오.

(三) 우연히 맛나아 자연히 정들어, 대단히 친밀하더니, 졸디에 멀이 떠나 게 되니 속히 맛날긔 회가 잇을넌지 자연히 섭々하외다

一를 그린 것은 겻말.

셋재절　겻말의 쓰임.　(副詞의 應用)

(풀이)겻말의 쓰임은별노,한결의작정이없으나,그,쓰임의자리를보

아,대강갈음이잇나니,첫재는,움즉임꼴을꿈임이오,둘재는,빗,셋

재는,견줌. 넷재는,알음. 다섯재는,때. 여섯재는,제침. 일곱

재는,가르침. 들이라,아래에따로(보기)를드노라.

(보기)(一) 움즉임말꿈임.

물이,철々,흐르어가ㄴ다.

물이,출넝,고이엇다.

재가,활々,날으,온다.

아희가,빨이,온다,하면,철々,출넝,들이나,활々,빨이,들은,흐름과,

고임,파,날음,파,옴,을,꿈이여,말함인고로,이,는,움즉임말을,꿈임이

며.

(보기)(二) 빗꿈임 (빗윽,성품도겸합)

달이매우밝다.

날이심히춥다.

방이너무덥다.

그사람은퍽착하다라하면,

「매우,심히,너무,퍽」들은,달이나,날이나,방,사람,들의,찬것,밝은것,

춥은것,착한것,뜰을,꿈이여,말한것.

(보기)(三)견줌을꿈임.

이아희는,저아희보더,글을,잘읽더라.

매화는,눈보더,더,희더라.

달이별보더,훨신밝다.

이조희가,가장,조ᇹ다.라하면,

「잘,더,훨신,가장」들은,이아희와,저아희. 매화와,눈. 달과,별들

의,두것을,견주어,그중,하나를,꿈엄인고로,견줌,꿈임이라함이

라。(견줌을꿈임에는「보더니라」는것음말을씀)

(보기)(四) 알음꿈임。

그 사람은 참어질다。

이 일은 아마되리라。

그것은 응당 그러할걸。

그리하면 필경 랑패하리라 하면,

「참아마, 응당, 필경」들은, 어질되 그러, 랑패들의, 아름을, 꿈이는 말

인고로 이를 아름겻말이라함이라。

(보기)(五) 때꿈임。

그 아희는, 글을 늘 잘 읽더라。

어려운일은 각금각금 잇나니라。

착한일은 지레 말고 곳 하여라。

이책은 언제 사스나냐라하면,

「늘,잘,곧,곳,언제」들은,읽,잇,하,여,사,들의때,를,꿈임인고로,이를,

때꿈임이라함이라.

(보기)(六)제침꿈임.

어름이엇지『더우리오.

뜻이없으면,일,을,못,일우나니라,하면,

「엇지못」들은,그,안될것,을,꿈임인고로,이,를,제침꿈임이라함이

라.

(보기)(七)가르침꿈임.

이리오너라.

그리말어라.

저리가거라,라하면,

「이리,저리,그리」들은,이,그,저,들의자리를,꿈임인고로,이,를,가르

침꿈임이라함이라.

익힘. (練 習)

(一) 꿈임말의 갈래?

(二) 꿈임말의 쓰임?

아래에 적은 말 중에서 꼇말을 찾으라.

(一) 비는 축々이오고 바람은 술々부는데, 꼿은 활작 피엇소.

(二) 어지간이 기대렷으나, 맛나지 못하니 웬일이오.

(三) 별안간 잔비가 오더니, 꼿이 다젓소.

(四) 물이 출넝고인 못에, 고기가 펄々뛰오.

(五) 그어려운 문제를 삽시간에다 풀어 노으니, 참 천재이오.

여덟재장　도음말. (助 詞)

첫재절　도음말의 뜻. (助詞의 意義)

(풀이) 도음말은, 움즉임말이나, 또는, 끌말이름말, 아래에, 붙어서써, 그, 다하지못한, 뜻을, 도으며, 또는, 위말과, 아래말을, 닛어서써, 그, 뜻을,

확실하게하는들,여러가지,쓰임이잇나니,우리말에,일은바,토라

하는것이니라.

(보기)를,들면,

꽃이피오,피옵니다,피니,피어서,피면,피고,라하던지

밥을먹는다,먹으오,먹소,먹읍니다,먹습니다,먹어서,먹

으면,먹고,라하면,

[다,오,옵니다,니,어서,면,고,소,습니다]들은,(피,먹)들의,움즉임말아래

에,붙이어,그,움즉임의뜻을,이루는것이며,

[이,을]들은,이름말아래에붙이어,(꽃과,밥)이라는,임자를,드러내는

것이며

날이차다,차오,차니,차면,이라하던지,꽃이붉다,붉소,붉으니,붉으

면이라하면,

[다,오,이,면]들은,'끝,말아래에,붙이어,그,참과,붉음을,이루는말이며,

「이」는、또한날과꽃이라는、임자를、드러내는도음말이니라。

둘재절　도음말의갈래。(助詞의分類)

(풀이)도음말은、그、쓰임에따로어、낯오면、아래와같으니、곳움죽임말

불이꼴말불이이름말불이막굿임반굿임넛음풀이까닭이룸부

림바람그럼물음말아님미룸헤아름⬚임채례때들의가닭이、

잇나니아래에따로、말하노라。

(一)움죽임말불임。(動詞附)

가아보시오가아서보시오

집어먹엇소집어서먹엇소

보아야알겟소먹어야살겟소。

보라고하오먹으라고하오

(아아서、어어서、아야、어야、라고、(이는、움죽임말이、서로、넛을제、쓰이

는、도음말)

가기쉽다。보고싶다。

(기、고)이는、움즉임말과、꼴말이서로、닛을제쓰이는것)

(二)꼴말붙임 (形詞附)

차아쓸수없오。차아서쓸수없오

검어입지못하오。검어서입지못하오。

묽기쉽다。

(아、아서、어、어서)들은、꼴말과、움즉임말이닛을제쓰이는것이오。

(기)는、꼴말과、꼴말이닛을제쓰이는것이라

(3)이름말붙임 (아래에따로따말하노라)

(4)막굿임。(終 止)

(풀이)이는、움즉임말이나、꼴말에붙어그말의끓을맺는것이니、(보

기)를들면、

잔다가오가옵니다。보앗소。보겟습니다춥소이다라하면、

(다·오·읍니다·소·습니다·소·이다。) 들과 같은 것은, 도·음 말이 니라, 그
리고, 도·음 말은, 그, 윗사 말의 끝소리로, 인하여, 달음이, 잇나니, 아래
에, 그, 종요한 것을, 드·노라。

(보기)

움죽임말 / 꼴 / 말	말밋 가온대소리	말밋 끝소리
보 두	네(ㄴ)다 / 아(어)요 / 지오 / 아(어) / 오데라	
먹 벗		네(는)다 / 지어요 / 지오 / 어라 / 으데오
짜 희	다 / 아(어) / 아(어)요 / 지오 / 니냐오데지	
붉 좁		다 / 어 / 어요 / 지오 / 지오 / 으냐소 / 으데오

나라　읍소서　소나이다　읍나이다　더이더라　더이라　ㄹ녀　럼으라　읍으니라　읍닛가　릿가　리　마라　나　니　노　나

으소서　습나이다　으나이나이다　나읍나이다　습읍니이다　으읍더이다　더더라　더더이더라　을너라　으니라으다　습니이다　으읍닛가　으읍가　나닛가　니가　느나　소나

ㄹ지나라　리로다　도다라　니라다　나다

읍나이다　읍더이다　더이이다　더라이다　럼으나다　오읍이니다　읍리니다가　읍니다다가　리가

을지니라로　으리로다다　도나라　으니라라　습나이다이다　으읍니이다다이다　습읍더이다　으더읍이더이다　더이라더이다　으럼으나다　소이다　으오니이다　습읍닛가다　으솜읍닛가다　으리릿가가　오읍니다다가　온읍니라라　오가나라　오니라

（뜻 둘 것）

（一）끝 소리 아래에는, （으）를 붙임이 잇으나 무슨 별 뜻은 없고.

느니라
도다
는도다
리로다
ㄹ지어다
ㄹ지니라
ㄹ지로다
아（어）지이다
리오
더니라
렷다
고지고
ㄹ가
ㄹ나고

으옵소서
오니라
느니라
도다
는도다
으리로다
ㄹ지니라
을지어다
을지로다
어지이다
더니라
더렷다
으렷다
으려라
으지고
고지고
을가
을나고

ㄹ지어다
ㄹ지로다
리오
더니라
렷다
ㄹ가
ㄹ나고

을지어다
을지로다
으리오
더니라
으렷다
을가
을나고

(二) 이제지남옴들의때를 표하려면, 도음말위에때말을더울지며,

(三) (옵)이드는, 도음말은, 흔이는, (오)를때고(ㅂ)만쓰임이잇어,

(ㅂ니다) (ㅂ지오)들 노,소리냄이잇느니라.

(5) 반굿임. (半 止)

(풀이) 반굿임도음말도, 움즉임말이나, 끝말들에, 붙어말을, 중지하는 것이니, (보기)를들면, 글읽고, 글씨도쓴다.

산을보며, 그림을, 그린다.

운동을하다가, 목욕을한다. 라고하면

고며, (하며)다가들은, 반굿임도음말이니라

(보기)

(밀말)보(도음말)고며다가,

(밀말)읽(도음말)고, 으며다가,

(밀말)희 (도음말)고며다가,

될 말죠.(도움말)요.으며,다가.

(6) 풀이로쓰이는것 (說 明)

사람즉,일하고쓰,느니라.

산은,금강산이제일아름다우니라

어제밤에는,잠을잘자엇는데

발서꽃이퓐인죽

그사람이옳은데

(풀이)위에적은,(느니라니라는데인죽,은데)들은,혹풀이로써,말을

끝이기도하고혹풀이로써,말을중지하기도한것이니,이는다도

음말노,쓰임이라.

(7) 까닭을말하는데쓰이는것,(理 由)

봄이되니,꽃이피오.

떡을먹으니,배가불으오.

바람이 불매 배가 가오。

글을 닑으나 뜻을 모르으오。

닑고서도 몰으오。

닑을지라도 몰으오。

닑으나마나 알반이오。

긁으니 옳으니 할것 없오。

닑거널 엇지 뜻을 몰오리오。

(풀이) 위에적은, (니으니매으나서도을지라도나으니거널)들은, 모
든 까닭을 말하려하는 태쓰인고록 까닭도음말이라 하나니라。

(뜻둘것) (니으니)는 흔이, (니까으니까)로도 쓰임이 잇고。 (니매)들
은 지남을 말하는데 쓰임이잇나니 갈은 결의말이 여러 갈래로 쓰
임이잇는것을 알것이니라。

(8) 부림으로 쓰이는것 (使役)

(풀이)부림으로、쓰이는도、음말은、높、낮의두갈래가잇나니하나는손

위ㅅ사람에게、 바람을보이는것이오、 하나는、손아래ㅅ사

람에게보이는것이라、 (보기)를들면、아래와갈으니、

(보기)(1) 손위ㅅ사람에게、(手　上)

오。 으오。 사오。 으시오。 읍시오。 시읍시오

으시오。 소서。 으소서。 읍소서。 으옵시다。

습시다。 습지오。 들。

(보기)(2) 손아래ㅅ사람에게、(手　下)

아라。 어라。 게소지지고。 고지고。 으렴。 렷다。 렴

으나。 자。 세。 옵세。 들。

(9) 그럼으로쓰이는것。(然　諾)

(풀이)그럼이라함은남의바람과부림에대하야、쫓어가는뜻을표하

는것이니、(마。 으마。 지。 지오。 읍지오。 으읍지오。 리이

다·올이다· 으·올이다· 읍니다· 습니다〉들、도·움말을·쓰나니、

(보기)를들면、

오냐·가마·

네·먹지오·

말슴대로하오리다·

네·달이밝습니다·

(뜻둘것)마지·들은、손아래ㅅ사람에게·쓰이는것

(10)물음으로·쓰이는것 (問詞)

(풀이)물음으로쓰이는、도움말은、(냐· 으냐· 니· 으니 느냐

느뇨· 으료· 랴· 을가· 아· 어지· 나· 데· 더냐·

더뇨· 오닛가· 으오닛가· 읍닛가· 으읍닛가· 읍나잇가·

으옵나잇가· 습닛가· 습나닛가· 더잇가· 옵더잇가· 으옵

더잇가· 읍지오· 습지오· 들을·쓰나니넝충은말써의놈썼을

써、그럼율보임이잇나니라。

(보기)

가느냐。 옳으냐。 엇더니。 먹으니。 먹느냐。

먹느뇨。 먹으랴。 먹을가。 가르가。 들。 (아래는제침)

(11) 말음파아님으로、쓰이는것。 (禁止、否定)

(풀이)이는、움죽임말이나、꼴말、아래에。 (말음이)나、 (아님)말이을때

에、쓰이는것이니、 (지지도)를、쓰나니라。 (보기)를、들면、

가지말어라。 먹지않는다。

두지도않는다。 붉지않소。 들、

(12) 미룸으로、쓰이는것。 (疑 問)

(풀이)이는、무엇에대하야하고、아니할것을작뎡하자못할제、쓰이는

말이니。 (ㄹ가、ㄴ、는、지、지、나、다고)들의도음말을쓰나니라。 (보기)

를、들면、

갈가,말가, 갈는자,말는지.

긍을는지. 옳을는지.

오나,가나, 온다고, 들이니라.

(3) 헤아름으로쓰이는것, (推　量)

(풀이)이는,일이나,물건에,대하야,아즉,분명치못한것을,헤아름으로,

말하는것이니, (듯. 보. 터. 리나. 리라. ㄹ지니. ㄹ지라.

뺀. 거던. 량이면)들을,쓰나니라. (보기)를,들면,

그사람을,본듯하오.

누가,오나보다.

오날을,꼭,올터인데,

될뻔,하엿다.

그이가,집에,잇거던,

문학가,가,되량이,면,들

(14) 끝늫임으로 쓰이는 것。(感終止)

(풀이)이는、흔이 말을 끝셕일적에、늬이는 뜻을 보이는 것이니(고나는
고나。라로구나。으리로구나。도다。는도다。나。아。어。
서지。네。어이。 그려。는그려。군。는군。들을、쓰나니라。

(보기)를 들면、

발서 꽃이 피는고나。

그것이 참 좋고나。

발서 세시가 되었나。

고만 다를 이엇지。

크도다。 곱도다。

크리로다。 오날은 참춥소 그려。

매우 뚝ㅅ하거던

(아래는제침)

(15) 차례로,쓰이는것 (等 次)

(풀이)이는,손아래人,또는,손위人,끼리들의갈래가,잇나니,위에적은,
(부림)또는,(바람)에쓰이는,도음말에,대강말하엿거니와,아래에
다시,그,자서한것을,적노라.

(보기)윗사람에게,쓰이는,도음말

시‖시다。 시고。 시며。 시니。 신데。 시다가。
시더니。 시오。 시오며。 시옵고。 시다니。 실지라
도。 실지언정。 시량이면들。
오‖오니。 오며。 오이다。 오시니。 오시며。 오시고。 온지。
올지。 올는지。 올시라도。 올지언뎡들。
옵‖옵더이다。 옵나다。 옵니다。 옵고。 옵시고。 옵시며。
옵지。 옵지고。 옵더이다。 옵소서。 옵거던。 옵시다。 옵는지。 옵지마

눈. 옵더라도. 들.

습――습더이다. 습ᄂ다. 습나이다. 습고. 습지오. 습지.

습시고. 습소서. 습거던. 습시다. 들. 이밖에도. 소이다.

사이다. 사오니. 사오며. 사오이다. 나이다. 더이다. 들

이. 쓰이나니라.

(뜻돌것) (습)은,끝소리밀에,쓰이며.

(오)는,움즉임말과,갈늘것.

이제다시갈래를,지어적으면,아래와,갈으니라.

	움죽임말밀에		끝말밀에	
높 이 는	말밀 아가온대소래래	말밀 끝아소래래	말밀 아가온대소래래	말밀 끝아소래래
보두	아(어)오 옵니다 오고니다	먹집 어요 습니다 습고니 사오니	짜희 아(어)요 옵니다 옵고니다	붉춥 어요 습니다 습고니 사오니

낮	이	는	도	음	말			도	음	말
			보	두	밀말	움죽임말		오	읍	읍읍
느 ㄴ		아	럼	게、	밀 가온대 소래리			며	녜	지 닛
나 니 냐 다	네 지 (어)	자 으나	데、					가	다	오
				랴 나	라					
			먹	집	밀말		밀 에	사	습	습습
어 느 는		어	럼 재 데	으	끝 아소 래리			며	데	지 닛
지 네 라 나 니 냐 다	자		으나	라				가	다	오
			짜	희	밀말		끝 말 밀 에	오	읍	읍읍
ㄴ 니 냐 다	지	아			아 가온대 소래리			며	데	지 닛
어 가 어	네 (어)							가	다	오
			붉	춤	밀말		끝 말 밀 에	사	습	습습
어 온 으 으 다		데 어 지			끝 아소 래리			며	데	지 닛
이 가 니 냐								가	다	오

말음도리끼		움죽임말밑에		끝말밑에
		말밑가온대소리에	말밑끝밑소리에	말밑가온대소리에
	말밑	보 두		
		네 지 나		
		데개 요 아(어)		
	말밑 끝밑소리에		집 먹	
			네 지 나	
			데개 소 오 에	
			오	
	말밑 가온대소리에			짜 희
				ㄴ가 지 아(어)
				메 오
	밑밑 끝밑소리에			붉 춤
				은가 지 어이 어
				으 오
				메 소

이밖에도, 반말이라함이잇어도음말의한가닭이되니, 곳이리오

아고만두어。 어서가지。 안될걸, 엇이하엿간듸。 들을쓰나。

반말은, 쓰지아니함이, 올을가하노라。

(16), 도음말의때, (助詞의時)움죽임말, 끌말, 들에, 도, 발서, 보이니라。

도음말의때는, 또한, (이제지남, 옴)의세갈래로, 볼지니, (보기)를

들면,

(一) 막끝임, 움죽임말에는

이제	지남	
ㄴ、는。	앗、엇	겟

(二) 몸맣붙임, 움죽임말에는。

이제	지남	
는。 ㄴ。운。던。	앗던엇던	ㄹ。을

(三) 막끝임, 꼴말에는。

이제	지남
는。	옴

(四) 몸맣붙임, 꼴말에는。

이제	지남	
ㄴ	앗、엇(던)	
	옴	겟

이제	지남	옴
ᄂᆞ온	앗던 엇던	ㄹᆞ을
		들이니랑

셋재절 이름말에ᄡᅳ이는것 (名 附)

(풀이)이는, 이름말아래에붙어, 그위ㅅ아래ㅅ말을, 닛으며, 혹, 그, 뜻을

밝에하기도하고, 혹, 그, 말을끝이기도하나니, 아래에따로따로말

하노라. 그러고, 이름말에ᄡᅳ이는, 도음말은두갈래로, 낭을수잇나

니, 첫재는, 말, 중간에ᄡᅳ이는것이오, 둘재는, 말끝에ᄡᅳ이는것이라.

(一) 말중간에ᄡᅳ이는갈래.

가 이 의 고 니 나 야 요 라 로 를 을 와

과 에서 며 면 여 지만 도 쎀 쯤 아 뿐

에서 이고 이니 라고 이나 던지 이야 거던 이요

이라 길래 기에 어늘 ㄴ들 인들 ㄴ줄 인줄 ㄴ지

第八章 助詞

一一九

인지。 으로。 께서。 이며。 이면。 라도。 이여。 어던。 이지。

니까。 기로。 ㄴ듯。 인듯。 ㄴ데。 인즉。 에게。

커녕。 마다。 ㄴ지。 보다。 보담。 하고。 한데。 만에。 만치。

끼리。 같이。 가지。 엔들。 처럼。 만큼。 대로。 더라。 다려。

불어。 짤이。

이라고。 이던지。 이거던。 이길내。 이기에。 이어늘。

량이면。 이라도。 에게서。 이어던。 이니까。

이기로。 야말로。 지마는。 ㄹ진대。 일진댄。 ㄹ망정。

일말정。 에게로。 까닭에。 때문에。

이량이면。 ㄹ지라도。 이야말노。 이지마는。

(二) 말끝에쓰이는것

다요。 지데。 냥라。 라여。

이다。 이요。 리라。 ㄹ세。 일세。 이지。 이데。 더라。 구나。

第八章 助詞

느가.
인가.
이냐.
이랴.
로다.
지요.
러냐.
던가.
이여

느걸.
인걸.
엇지.
겟지.
라고.
여요.
여던.

이리랴.
더니라.
ㄹ너라.
리로다.
이더라.

오이다.
옵니다.
올시다.
이구나.
요그려.
이니라.

ㄹ지라.
일지라.
이로다.
이지요.
이더냐.
이던가.

더이다.
옵데다.
로구나.
이거던.
이여요.
고말고.

오닛가.
이여던.
이라고.
옵닛가.
이란다.
이엇지.

이겟지.

이더니라.
이리로다.
이오이다.
이옵니다.
이올시다.

이요구려.
ㄹ너니라.
일너니라.
이더이다.
이옵데다.

옴나이다.
이로구나.
이고말고.
이오닛가.
엇습니다.

겟습니다.
이옵닛가.
다뿐이오.

이옵나이다.
이다뿐이요.
이엇슬니다.
이겟습니다.

들이니라。

넷재절 쓰임보기。(助詞用法)

이름말붙임도 음말의 쓰임은,여러 가닭이잇나니,아래에따로

말하노라。

(一) 임자로쓰임。(主 格)

이는,이름말이임자됨을,보일제,쓰이는것이니。

사람이온다바람이붙다。

새가날는다。소가,누엇다。들。(•접으로표한것은임자로 쓰인듬말,아래에도

•힘을주의하라)

(二) 풀이로쓰임 (說 明)

이는,이름말의,움즉임이나,꼴을보일제,쓰이는것이니。

나는글씨를쓰오。

저이는,말을타오。

나는·가오。
물은·맑으오，라고하는것들。

(三) 결음으로쓰임。(比 較)
이는，이름말이다른일이나，물건과결련됨을보임이니（와，과，하고，
들을씀）
나와얼골이꼭갓소。
형과아오는，한몸이오。
나·하·고같이갑시다，들이니라。

(四) 웃듬으로쓰임。(優 級)
이는，엇더한일이나，물건의웃듬됨을，보이는데쓰이는것이니，
（의라고，이라고）들을쓰나니라。
사람의마음은，착한것이첫재이오。
나라의흥함은，도덕에잇슴니다。

사람이라고하는것은만물의웃듬이오.

(五) 갈음으로쓰임.(比 級)

이는엇더한일이나몰건이다른일이나몰건과갈음을보일제,쓰

이는것이니.

이것도그러하오,

긔도잃고구럭도잃엇소들이니라.

(六) 못됨으로쓰임 (不 能)

이는엇던것은될수없는것을보이는데쓰나니, (ㄴ들엔들라도,

이면이라도)들을쓺.

아모리아름다운교훈인들듯이않는데야엇지하오.

이러한꽃이어데엔들잇게소

천재ㄴ들엇지하오

웅변이라도쓸데업소. 들이니라.

(七) 한결노 쓰임。(同級)

이는、이것이던지저것이던지、한결됨을、보일제、쓰이는것이니。

(던가 이던지 마다 나 이나) 들을 씀。

소던지　말이던지　다 풀을 먹소。

소나　말이나、다 즘생이요。

밥이나、고기나、아모것이나、주시오。

봄마다 꽃이 피오。　들이니라。

(八) 갈임으로 쓰임。(選擇)

이는、많은것중에서、하나를、갈임을、보일제쓰이는것이니(나、이나

들을 씀。

내　나　가겟다。

(九) 특별노 쓰임。(特別)

밥이나、좀、주시오들이니라。

이는,많은것중에,서그별달음을보일제,쓰이는,것이니,

(야,말,노,일,친,대)이면,윽,는,들을씀。

그아희야,참어렵우다。

그사람이야,졈잔하다。

그선생이면알겟지。

그녀자는,그러치않겟지。

그사람은,도덕가이오。

그사람일진대,민협찌하오。　들이니라。

(九)　홀노임에임쓰(單獨)

이는,다른것과,걸련이없고혼자임을보이는,데쓰임이니(만,뿐)들울씀。

나만,그러하오。

겨울게눈눈만오지오바람뿐불더라。　들이니라

(10) 불음으로 쓰임.(呼　格)

이는, 저의 뜻을, 남에게 살으려 할제, 쓰이는것이니.(아, 야, 여, 시
여, 이시여)들 음씀.

하늘님이시여, 굽어살피소서.

어버시여, 오래살으소서.

천구여, 볼지어다.

닭아, 우지말아.

세월아, 가지말아.

쇠고리야, 울지말아. 들이니라.

(11) 자리로쓰임 (處　地)

이는, 무슨일이나, 물건의, 자리, 또는, 방위를, 가르침에, 쓰이는것이
니.(에서, 엣, 로, 까지, 쯤, 에게, 서, 더러, 께, 께서)들
을, 씀.

학교에서배오엇다.

학교에,에가자.

향긔는,꽃에서난다.

나는,서울노,가오.

나는,서울까지가오.

그사람이어되,쯤갓겟소.

우리의몸이,어베에게서낫소.

그사람더러오라고하시오.

저어룬께,엿주어라.

선생님께서,오신다. 들이니라.

끝임으로쓰임.(終 止)

(12) 이는,이름말아래에서,그,확실함과,녀임과,물음,풀이,들의 뜻 을,보

이는것이니.

(一) 확실(確實)함을보임에는 (다, 이다, 요, 이요, 라, 이라, 로다.

이로다. 오이다. 이오이다. 읍니다. 이옵니다. 옵니다.

이옵나이다. 올시다. 이올시다. 여요. 이여요. 엿습니

이엇습니다. 겟습니다. 이겟습니다. 로소이다. 이로소이

다. 들을 씀.

(보기) 이것은 누루다.

이것은 꽃이다.

그게내것이요.

이것이내게요.

저것은 꽃이올시다. 들이니라.

(二) 녀임(認定)을보이는데는 (리라. 이리라. 리로다. 이로다.

겟지. 이겟지. 이겟지오. 겟습니다. 이겟습니다. 근터요.

ㄹ걸. (일걸) 들을 씀.

(보기)아마,소리라。

그것이,꽃이리라。

그것이,풀이겟지。

그것이,나무이근터요。

그것이,꽃이근걸들이니라

(三)물음으로쓰임。(疑 向)

이는,일이나,물건의분명치못한것을,물음에쓰이는것이니,냐。

이냐。이지。이야。지요。이지요。더냐。이더냐。던

가。이던가。ㄴ가。인가。엇지。이엇지。겟지。이겟지。

오닛가。이오닛가。읍닛가。로군。이읍닛가)들을씀

(보기)그게,닭이냐,셩이냐。

이게,쇠ㄴ가,돌인가。

아마,꽃이지。

아마 꽃이겟지。

그것이 물이던가들이니라。

(四) 풀이르쓰이는것。(說 明)

이는、일이나물건의엇더한것을、풀거나、또대답함에、쓰이는것이

니。(나라。이니라。근세。일세。요。이요。여요。

여。이여。올시다。이올시다。읍니다。이옵니다。더이다

이더이다。옵더이다。이옵더이다。**더라。**이더라。근러라。

일너라)들을 씀。

(보기) 이것은、꽃이근세。

그것이、꽃이더니다。

그것이、꽃이여요。

그것이、꽃이니라。

그것이、새니라。

그것이꽃이더이다。

그것이새울시다。들이니라。

(五) 말음과, 않음, 못함, 으로 쓰임。 (禁止不爲不能)

이는움즉임말아래, 붙어움즉임을, 말게하는뜻이니, 〈마〉를, 쓰며, 않

음으로쓰임은, 〈않〉을쓰며, 못으로, 쓰임은, 못을쓰나니라。

(보기) 그러지마시오。

가지말어라。

먹지않소。

먹지못하오。 들이니라。

(뜻둘것) 〈마, 않, 못〉 들의쓰임은, 움즉임말의쓰임과, 같이, 말끝

이바꾸임이잇나니。

마∥만다。 말엇다。 말겟다。 말고。 마는。 말어。 마니。 말

면。 말어라。 말지。

않==않는다。않엇다。않겟다。않고。않는。않이。않으니。

않으면。않지。

못==못한다。못하엿다。못하겟다。못하고。못하는。못하

야。못하니。못하면。못하지。들이니라。

아홉재장 잇음말 (接 詞)

첫재절 잇음말의 뜻

(풀이)잇음말은두가지,쓰임이잇나니,첫재는,다만잇음이니,이는,아모,

다른,뜻이,없이,이름말과,이름말을,서로,잇대여한마디,말노,만드

던지,또는,이름말과,다른,말을,서로,잇대는데,쓰임이오,둘재는,굴

너,잇음이니,이는,앞엣말의,뜻이,뒤에ㅅ말의,뜻을,받아,새로,이별

다른,뜻을,나게함이니,아래에,따로,다로,말하노라。

둘재절 다만잇음 (平 接)

소와ㅣ말。산과ㅣ물。꽃과나뷔。

라하면,이(와.파)들은,각々,두말을,잇으되,그,말들은,각々따로의

뜻을,그대로,가저서별노이바꾸임이없는고로,이를,다만잇음이

라함이라.

　셋재절　굴너잇음.(轉　接)

이것은소이오,저것은말이라.

달은밝고,서리는,차다.

새는,울면서가지에,앉엇다.

글시를,쓰다가글을,읽는다.

라하면,이(이오. 고. 면서. 다가)들은,두개의일음말이나,두개

의꿀말을,잇을새,혹,견주는뜻을,보이기도하고,두개의움즉임말

을,잇을새,혹한가지뜻에서,또한가지뜻을,더하야말함으로,이를

굴너잇음이라함으로다,만잇음말은,말과말을,잇을

제훈이쓰이고,굴너잇음말은,글과글을,잇을제,훈이,쓰이나니라.

(一)굴너 잇음 말 중에 는,혹,윗 말 을,뒤집어,새 말 노 잇음 이,잇나니, (보기)를,들면,

저 아희 는,산 술 은,잘 못 하 나,그 러 나 글 시 는,잘 쓴 다。

봄 날 은,치 우 나,그 러 나 어 름 은,녹 는 다。
라 하 는 다 위 이 며

(二)굴너 임 음 말 에 는,혹,윗 말 을,까 닭 으 로 하 야,아 래 ㅅ 말 을,잇 음 이,잇 나 니, (보 기)를 들 면,

날 이 칩 우 면,물 이 얼 니 라。

(三)굴너 잇 음 말 에 는,혹,윗 말 에 서,한 거 름,더 나 아 가 서,아 랫 말 을,임 음 이 잇 나 니, (보 기)를 들 면,

공 부 를 잘 하 면,큰 인 물 이 되 리 라。하 는 다 위 며。

한 사 람 로 가 비 여 이 볼 수 없 거 던,하 물 며,나 라 이 겟 나 뇨。

사 람 도 속 이 지 못 하 거 던,하 물 며,하 늘 님 이 겟 나 뇨。

그 사람은, 덕행도 잇고,「또」한재조도 잇다라하는 따위니라.

(四) 잇음말은, 혹말머리에쓰기도하나니「밋。또。혹。혹시。그리

하고。그랴고。엇더하던지。엇더던지。엇지하엿던지。엇

재人던지」를쓰며。혹윗말에서생긴싸닭을보이려하거나,혹,

그,끝됨을풀녀하야잇음이잇나니,「그러니。그런즉。그까닭

에。그러커니와。그러하여서。엇지하엿던지。게다가。그

런데。그런데다가。그런고로。그러면。왜그런고하니。그

러니싼。그래도。그런데。그러할망정。할지언정。그러치

만。그러치만서도。그뿐아니라」들을씀이라.

열재장 늣임말 (感詞)

첫재절 늣임말의 뜻 (感詞의意義)

(풀이)늣임말은,(깃붐)이나,(노염)이나,쏘는,(슯움)들에,늣이어자연이내

는,소리와,또는,말이니,(보기)를,들면,(참)그럿소,(아)시원하오라하

면〈아。 참〉들은、늇임의 소리이오。〈아이고〉〈아이고〉웬일인가。〈좋다〉그러치。

라하면〈아이고〉와〈좋다〉들은、늇임말이니라。

둘재절　늇임말의 쓰임。(感詞의應用)

〈풀이〉늇임말의 쓰임은、두가지자리가잇나니、첫재는、말머리에쓰이는것이오、둘재는、말끝에쓰이는것이라。(도음말에빗우어보라)

아래에따로따로、말하노라。

(一) 말머리에쓰이는늇임소리와말。

(보기)(1) 보통쓰이는것。

이는〈자。 그。 져。 앗다〉들을씀。

•자、드러오시오。

•저、박에오앗던이가누구요。

앗다、가만이잇거라。

•그、엇인일이요。 들이니라。

(보기)(2) 시원함을보이는것.

이는,(아. 어. 참. 아이고. 이것. 그. 저. 보아라. 거보

아. 하. 후. 후유. 좋다)들을씀.

•안. 참. 시원하다.

아이고, 이게참말인가.

거바라, 그짓말이냐.

•좋다.그러면,그러치 들이니라.

(보기)(3) 놀남을보이는것.

이는,(아. 어. 하. 허. 후. 참. 아이고. 얼내. 하쁠사.

무엇이어. 이그, 저것보아, 이런,제들을씀

•어. 큰일나앗군.

•하. 할일없다.

•후. 엇지하나.

이런、야단이잇나。들이니라。

(보기)(4) 실심함과、비우슴과、원통함들을、보이는것。

이는、(아、하、•하뿔사、•제、•제기、이런제、에기、흥。

앗차、•웅、•에라、아이고。그것참。•젼장)들을씀。

•하랑패로군。

•흥、그러치、

한、뉘게다가、

에라、고만두자。

•웅、•분하다。들이니라。

(뜻둘것)늣임말은、근본、늣김말노、된것도잇고혹은것말이나、꼴말

들이바꾸여된것도잇나니、이는、쓰임을、따르어이름을달으게

하엿슬뿐이며혹은、다갈은、늣임말이라도、그、말세의、놉낫과、길、

잘들에다르어、그뜻이판연하게、달너지나니이는、자서이살피

어야 할 것이라 하노라.

昭和五年一月十日印刷
昭和五年一月十五日發行

非賣品
臨時定價
八十錢

京城府內資洞二三五番地
朝鮮語研究會 編纂

京城府壽松洞二七番地
鮮光印刷株式會社印刷